DÉBUT D'UNE SÉRIE DE DOCUMENTS
EN COULEUR

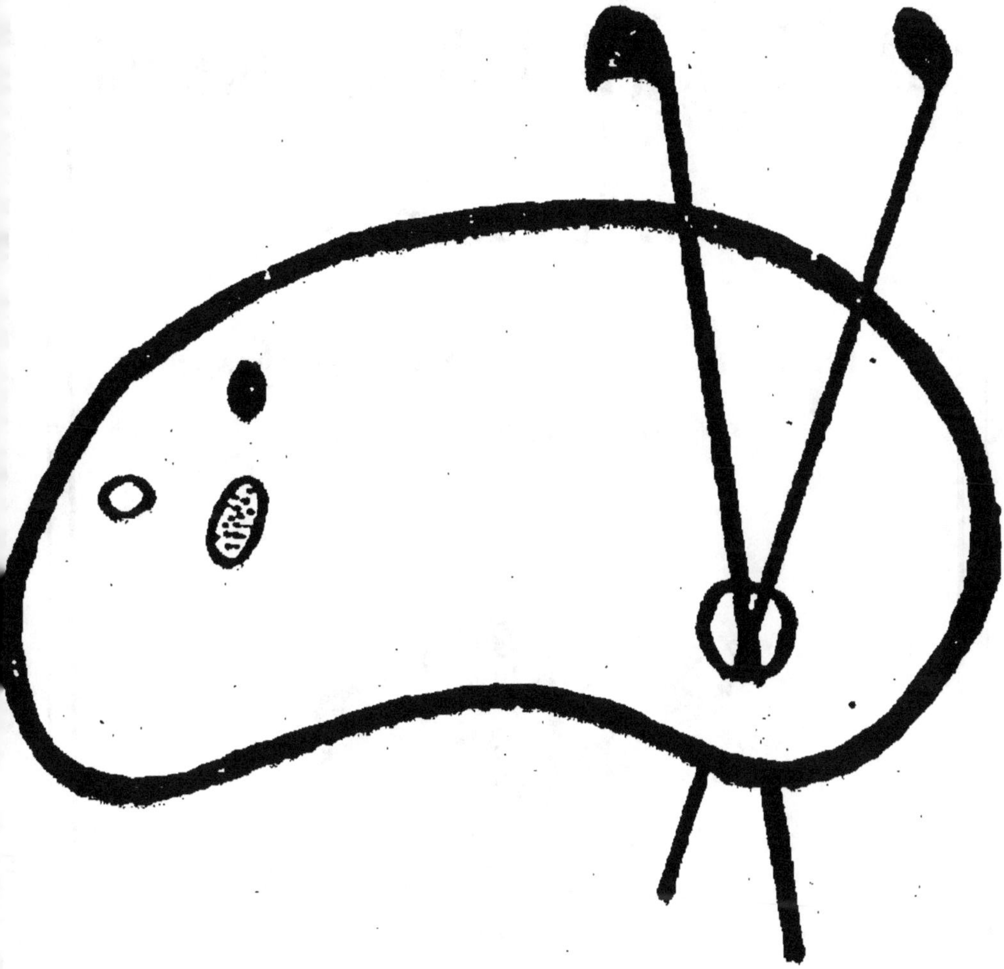

ÉTUDE
SUR
LA PLUS VIEILLE CHRONIQUE
DE
LA BIGORRE

PAR

L'ABBÉ FERDINAND DUFFAU

Directeur au Grand Séminaire de Tarbes

PARIS	TARBES
H. CHAMPION, ÉDITEUR	J.-P. LARRIEU, IMPRIMEUR
8, quai Voltaire	41, rue des Grands-Fossés

1880

CHEZ LES MÊMES ÉDITEURS

Histoire de la province et comté de Bigorre, écrite vers 1735 par l'abbé COLOMEZ, publiée pour la première fois et annotée par l'abbé Ferdinand DUFFAU, directeur au Grand Séminaire de Tarbes. 1 vol. in-8, 1886.

Tarbes. — Imprimerie Larrieu, 41, rue des Grands-Fossés.

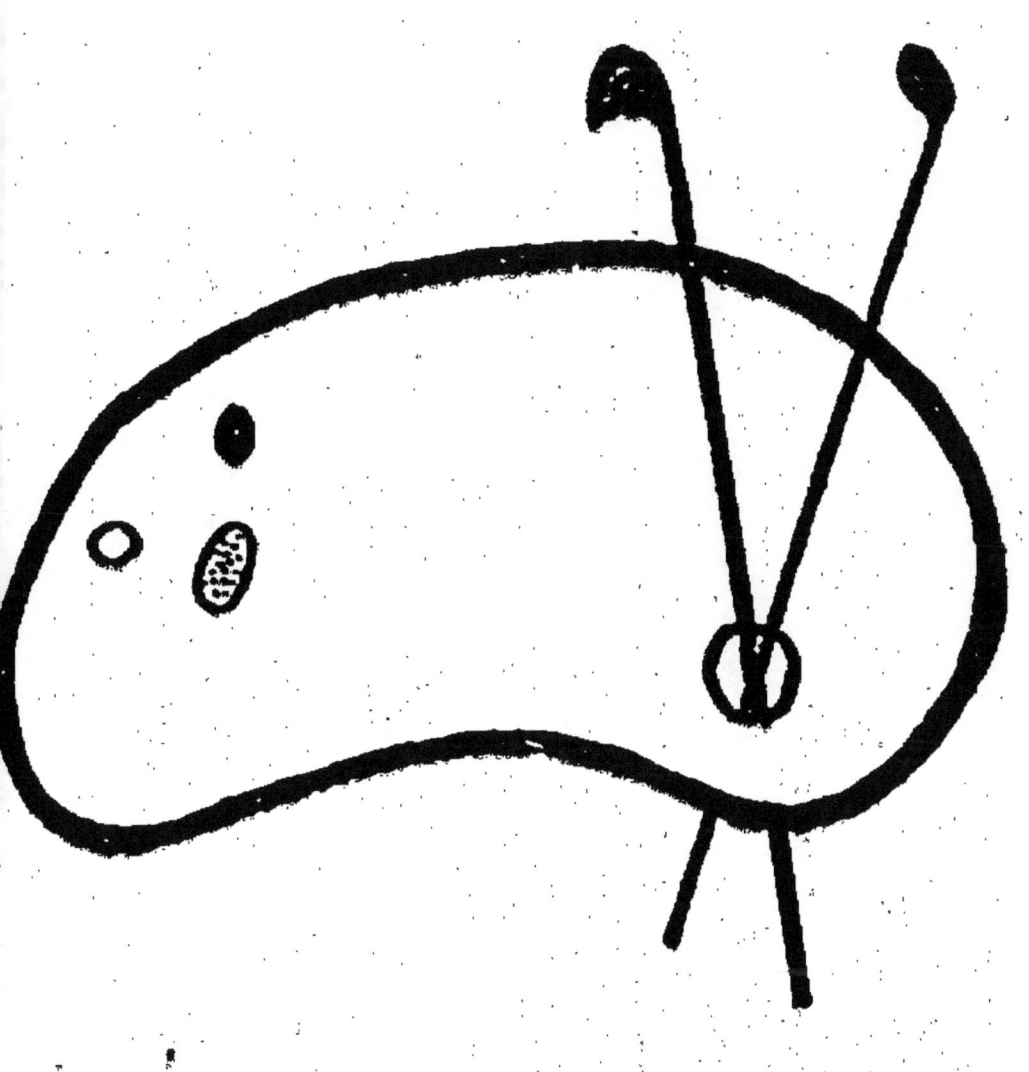

FIN D'UNE SERIE DE DOCUMENTS EN COULEUR

ÉTUDE
SUR
LA PLUS VIEILLE CHRONIQUE
DE
LA BIGORRE

ÉTUDE
SUR
LA PLUS VIEILLE CHRONIQUE
DE
LA BIGORRE
PAR
L'ABBÉ FERDINAND DUFFAU
Directeur au Grand Séminaire de Tarbes

PARIS	TARBES
H. CHAMPION, ÉDITEUR	J.-P. LARRIEU, IMPRIMEUR
8, quai Voltaire	41, rue des Grands-Fossés

1880

GUILLAUME MAURAN
1614
—

SOMMAIRE DESCRIPTION DU PAÏS ET COMTÉ DE BIGORRE, *par* Guillaume MAURAN, *avocat au sénéchal de Tarbes, chronique inédite, publiée et annotée par* Gaston BALENCIE.

Le 22 novembre 1887, la Société qui publie la *Revue de Gascogne* et les *Archives historiques de la Gascogne*, se réunissait dans les salons de l'archevêché d'Auch, sous la présidence de Mgr Gouzot. L'assemblée était nombreuse; elle était composée d'ecclésiastiques et de laïques, se distinguant par leur haute position et par leur amour pour l'histoire provinciale.

Après un discours de Mgr l'archevêque et un rapport de M. Léonce Couture (2), la parole fut donnée

---

(1) XIVe fascicule des *Archives historiques de la Gascogne*, 1887, 1 vol. in-8, LXVI-248 pages. — Paris, Honoré Champion, éditeur, 8, quai Voltaire; Auch, Cocharaux frères, imprimeurs, 11, rue de Lorraine. Prix : 10 fr.

(2) Président de la Société, directeur de la *Revue de Gascogne*, professeur de littérature romane et doyen de la Faculté des lettres à l'Institut catholique de Toulouse.

à M. l'abbé de Carsalade du Pont, récemment nommé archiviste diocésain et chanoine honoraire de la métropole. Il rendit compte, à titre de secrétaire, des divers travaux publiés dans l'année par les *Archives historiques de la Gascogne*. C'est en ces termes qu'il présenta à l'assemblée le volume qui nous intéresse spécialement :

« Le XIVe fascicule, *Sommaire description du païs et comté de Bigorre*, est depuis quelques jours entre vos mains. Je vous signalais, dans mon rapport de 1885, cette chronique bigourdane comme une des sources les plus importantes de notre histoire ; je vous parlais de ces récits vifs, alertes, écrits dans le vieux style avec quelque chose de la grâce et du tour d'Amyot. C'était un diamant qui attendait pour briller de tout son éclat la main de l'orfèvre. M. Gaston Balencie a été cet orfèvre. Et quel artiste, Messieurs ! Quelle riche monture il a ciselée à cette pierre ! C'est à ce point que l'on ne sait ce qu'il faut le plus admirer, du diamant ou de la monture (1). »

Comment les lecteurs du *Souvenir de la Bigorre* n'aimeraient-ils pas, après de telles paroles, à faire connaissance avec la nouvelle publication de M. Gaston Balencie ? Pour satisfaire leur légitime désir, je vais leur parler successivement de l'auteur de la *Sommaire description*, des deux parties du texte, et du commentaire.

---

(1) *Revue de Gascogne*, t. XXVIII, p. 551.

I

Le paléographe Larcher, en transcrivant le texte de la *Sommaire description* dans le tome ix (p. 57-205) de son précieux *Glanage* (1), avouait son ignorance sur le nom de l'auteur. « Les uns croient, disait-il, que c'est M. Amadis ; d'autres lui donnent un auteur de différent nom. »

Davezac-Macaya, sans dire ses raisons, fit honneur de ce manuscrit à « un avocat de Tarbes, nommé Mazières (2). »

M. Bascle de Lagrèze, évitant de se prononcer entre Mazières et Amadis, l'a attribué tantôt à l'un et tantôt à l'autre (3).

Plus récemment, M. l'abbé Léonce Couture posait cette question aux abonnés de la *Revue de Gascogne* : « Pourrait-on me dire le nom de l'auteur de cet ouvrage ? » Des réponses lui furent adressées par MM. Curie-Seimbres, Jules Delpit et Couaraze de Laà ; mais aucun de ces érudits ne fit avancer la solution du problème (4).

(1) Le tome ix du *Glanage* porte le millésime de 1746. Larcher a transcrit une seconde fois la *Sommaire description* dans un volume qui appartient à M. Vaussenat, de Bagnères. Il a reproduit encore plusieurs extraits des derniers chapitres dans les Annales de Vic, *Glanage*, t. xv et xvi.

(2) *Essais historiques sur le Bigorre*, 1823, t. i, préface, p. vi.

(3) *Histoire religieuse de la Bigorre*, 1845, p. 11 ; *Monographie de Saint-Pé*, 1853, p. 4.

(4) *Revue de Gascogne*, t. xiii, p. 540, 579 ; t. xiv, p. 44. — M. Balencie a eu soin de mettre sous les yeux de ses lecteurs la

M. Gaston Balencie la cherchait de son côté depuis longtemps et, à force de patientes investigations, il croit avoir réussi à la trouver.

Dès le début, il lui fut facile de constater, d'après divers passages de la *Sommaire description* : 1° que ce manuscrit avait été rédigé en 1614 (1); 2° que l'auteur, à cette date, était avocat au sénéchal de Tarbes depuis dix-huit ans, c'est-à-dire depuis 1596, ou depuis la fin de 1595; 3° qu'il avait été employé en différentes affaires par Jean-Jacques de Bourbon, vicomte de Lavedan.

Il s'agissait de découvrir à travers la poussière des archives un avocat réalisant ces trois conditions.

Etait-ce le cas de Mazières? Non; sa vie s'est écoulée durant le xviiie siècle, ou plus exactement du 26 décembre 1671 au 28 janvier 1752 (2).

Amadis, il est vrai, vivait en 1614, et il était avo-

---

question et les diverses réponses dans un *Appendice*, qui suit son Introduction, p. LX-LXVI.

(1) La date de 1614 est indiquée par ce passage de la *Sommaire description* (p. 10) : « Sur icelui compromis fut prononcée sentence, le samedi 2e jour à l'entrée du mois de juillet *en l'an 1390*, et les parties furent si bien reglées à leur contentement, que *depuis en çà, par l'espace de 224 ans*, ils ont toujours renoûvelé d'an en an l'acquiescement baillé à la dite sentence. »

(2) D'après ces dates, Mazières pourrait bien être l'auteur d'une autre *Histoire inédite de Bigorre*, qui résume la *Sommaire description* en y ajoutant quelques faits nouveaux et dont le manuscrit, appartenant à la Bibliothèque de Tarbes, porte cette note : « Composé sous l'épiscopat de Mgr de Poudens, mort en 1716. » Qui résoudra ce nouveau problème de bibliographie bigorraise?

cat au sénéchal de Tarbes; mais il ne l'était pas avant 1600, et les titres de la maison de Lavedan ne le mentionnaient jamais. Des trois conditions requises, deux lui faisaient défaut.

En revanche, un autre avocat de la même époque figurait souvent, dans les actes notariés, comme homme d'affaires de la famille de Lavedan : son nom était Guillaume Mauran. Ce personnage, se demanda M. Balencie, ne serait-il pas l'auteur, demeuré inconnu, de la *Sommaire description*?

Le vaillant chercheur entreprit aussitôt de le faire sortir de l'ombre qui l'enveloppait et d'amener son existence en pleine lumière.

Il fouilla différentes archives pour y recueillir ses moindres traces. Il soumit à un examen particulièrement minutieux les liasses jaunies que leurs prédécesseurs avaient léguées à Mᵉ Duguet et à Mᵉ Theil, notaires à Tarbes. « Je secouai d'une main fébrile, dit-il, les registres poudreux du vieux Mauran (1), qui dormaient sur une étagère confinant au plafond leur sommeil deux fois séculaire et que plusieurs générations d'araignées avaient illustrés de leurs arabesques. »

Si ce travail ne fut pas sans émotion et sans fatigue, il ne fut pas non plus sans résultat. Comme l'araignée, dirai-je à mon tour, refait sa toile après un orage, ainsi M. Balencie reconstitua peu à peu la trame que formèrent les jours de Guillaume Mauran.

(1) Notaire de Tarbes et frère de Guillaume Mauran.

Il était originaire de Tarbes. Sa famille habita la Carrère-Longue (aujourd'hui rue Saint-Louis) et plus tard le Bourg-Vieux (paroisse Saint-Jean). Deux actes du 19 septembre et du 21 novembre 1595 (qu'on veuille bien remarquer cette date) le mentionnent comme avocat récemment inscrit au barreau du sénéchal de Bigorre.

Le 24 février 1598, il est consul de Tarbes; le 12 février 1608, il achète un verger à Aurensan, parsan (quartier) du *Maillo*, dont il fait son Tibur, dit M. Balencie, et où il se repose « des luttes et des fatigues de la vie publique, car les documents nous disent assez toute l'activité que cette intelligence d'élite sut déployer au service du bien. »

Député par la ville de Tarbes aux états de Bigorre, il s'y distingue de bonne heure et mérite d'être élevé, par le choix de ses collègues, à la dignité de syndic général du Tiers. Depuis 1612, il remplit ces fonctions à plusieurs reprises.

Il lutte avec courage et habileté tantôt contre les prétentions de la noblesse et tantôt contre les envahissements de la couronne. M. Balencie le suit pas à pas et il trouve ainsi l'occasion de nous donner quelques pages curieuses où l'on voit revivre, dans son originalité, notre existence provinciale. J'ai le regret de ne pouvoir les résumer ici. Une seule citation suffira pour faire connaître l'esprit et le langage de Guillaume Mauran.

Le dimanche 25 mars, quelques délégués des états

se réunirent à l'évêché pour délibérer sur un projet de règlement. Ils « furent introduits en la chambre d'entre la sale et le cabinet dudit s[r] eveque (Salvat II d'Iharse), où l'on avoit preparé une table tapissée devant bon feu, et à l'entour de la table une chaire et des bancs, pour asseoir Mgr l'eveque sur la chaire et les députés sur les bancs. Et tous etant assis, Mgr l'eveque fit l'ouverture de la cause pour laquelle l'assemblée avoit eté mandée... Tous se turent et Mauran, voïant qu'il etoit tems qu'il parlat, dit brievement ce qui s'ensuit :

« Messieurs, comme le corps humain, pour bien né et bien nourri qu'il soit, ne peut s'exempter que par succession de tems il ne se charge d'humeurs, et que l'amas d'icelles ne lui cause des maladies, de mesme il advient aux etats, pour bien constitués et policés qu'ils soient, qu'à la suite des années beaucoup d'abus s'y glissent, comme l'experience nous fait voir en nos etats de Bigorre dans lesquels sont ecoulées de tems en tems plusieurs mauvaises habitudes et, entr'autres, d'introduire beaucoup de gentilshommes et les defrayer à la grande foule de la veuve et de l'enfant orfelin, et de faire durer les etats 8, 9 et dix jours pour ouïr les comptes des receveurs, lesquels pourroient etre expediés en une ou deux journées, les requetes apointées en une seance et l'etat dressé du soir au lendemain, tellement que l'on employe grand nombre de journées à faire de la besoigne de deux ou trois jours. Et c'est de là que les plus affectionnés au bien public ont pris occasion de demander que les etats fussent reformés, les abus otés et le peuple soulagé des depenses inutiles... »

La discussion sur les articles fut si orageuse qu'au milieu du débat, M. de Baudéan, « aïant ouï parler le deputé de Tarbe, lui presenta le mouchoir, disant que le nez lui saignoit. »

Ces luttes d'un caractère assez piquant se passaient en l'année 1635. Depuis lors, Guillaume Mauran ne paraît plus que rarement. Il mourut le 15 novembre 1640, ayant « fourni depuis 1595, dit son biographe, une carrière de près d'un demi-siècle de talent, de travail et d'honneur. »

Il avait épousé, avant le 26 octobre 1599, demoiselle Gabrielle de Mont, fille de Bernard de Mont et de Simonne de Souville, habitants de Bagnères.

De ce mariage naquit Jean-Pierre Mauran dont M. Balencie suit la descendance jusqu'à notre époque (1).

Mais revenons à la *Sommaire description du païs et comté de Bigorre*. Guillaume Mauran réalise-t-il les trois conditions qu'indiquent divers passages du texte ? Cela ne paraît pas douteux.

---

(1) De nouveaux documents sur cette descendance ont été mis au jour depuis la publication du travail de M. Balencie. Ils permettent d'établir que Guillaume Mauran et Davezac-Macaya, l'auteur des *Essais historiques sur le Bigorre* (1823), sont unis entre eux par un lien de parenté. Le *Souvenir* ne tardera pas à donner les preuves de ce fait intéressant.

Il était, en 1614, dans la maturité de l'âge et du talent, puisqu'il était inscrit comme avocat à la fin de 1595. — A cette date, il pouvait écrire ces mots : « Depuis dix-huit ans que je hante le barreau de la senechaussée de Bigorre. » — Pouvait-il dire également ? « Or, ayant fait la description des montagnes et du païs de Lavedan, il me sera fort à propos d'inserer la genealogie des seigneurs vicomtes predecedés, ainsi que je l'ai pu recueillir en feuilletant le *Livre censuel* et autres documents de ladite maison, à quoi faire je suis invité particulierement par les singulieres obligations que j'ai au susdit messire Jean Jaques de Bourbon, lequel m'a fait l'honneur, tandis qu'il a vecu, de m'employer en ses plus grands et importants affaires (1). »

Oui, Guillaume Mauran avait le droit de tenir ce langage, et M. Balencie le prouve en exhumant plusieurs transactions dans lesquelles Jean-Jacques de Bourbon, sa sœur, sa femme et d'autres membres de la même famille, appellent cet avocat de la sénéchaussée comme curateur, témoin ou conseil. De tous ces textes, je n'en reproduirai qu'un seul, particulièrement significatif. Il porte la date du 29 novembre 1640.

« Tarbe. — Comme soyt ainsin que dame Marie de Gontaut et Saint-Geniès, vicomtesse de Lavedan, par son dernier testament,... ayt legué en faveur de feu

---

(1) *Sommaire description*, p. 17 et 62.

Me Guillaume Mauran, advocat quand vivoyt en la cour de monsieur le sen[esch]al de Bigorre, la some de deux cens livres payables après le decès de lad. dame, et d'autant que par le decès dud. feu de Mauran, legataire, led. leguat soyt caducque, neanmoins *pour l'affection que lad. dame porte à la memoyre dud. feu de Mauran pour les services qu'il lui avoit fait en ses affaires*, elle, de sa franche volonté, veut collocquer lad. some de deux cens livres pour faire prier Dieu pour led. feu de Mauran. »

La testatrice, qui est la veuve de Jean-Jacques de Bourbon, donne cette somme au gardien du couvent de Saint-François de Tarbes, à la double charge de « dire et celebrer pour l'ame dud. feu de Mauran deux messes toutes les sepmaines pendant l'année que [suit son decès], l'une messe haute le mardy, et une messe basse le mercredy chesque sepmaine... » et « ... de dire annuellement pour tel jour que led. feu de Mauran desceda, quy estoit le jour de mardy, quinsi[esm]e de ce mois, qu'estoit sur la fin de la seconde sepmaine dud. mois, une messe haute de *Requiem*, et le lendemain mercredy, une messe basse pour l'ame dud. feu de Mauran... »

« Ce qui est indiscutable, conclut M. Balencie, c'est son intervention presque constante dans les affaires de la maison de Lavedan; il assiste tantôt le vicomte, dont la mémoire lui sera chère; tantôt la vicomtesse, qui lui témoignera en retour des sentiments exceptionnels de gratitude; quelquefois tous les deux. A défaut de Guillaume ou à côté de lui, nous voyons Jean Mauran, son frère. Toujours enfin, dans l'aride nomenclature d'actes authentiques soumis à l'appréciation du lecteur, apparait le nom de Mauran. »

« Le doute, semble-t-il, n'était plus possible. Ma conviction était formée, » ajoute M. Balencie.

A ce moment, il rencontra sous ma plume, dans le *Souvenir de la Bigorre* (t. III, p. 204), la mention des *Mémoires* de Mauran comme étant l'une des sources où avait puisé l'auteur de l'*Histoire de la province et comté de Bigorre*.

Cet auteur, que j'appelais alors Duco et que j'ai dû appeler depuis Colomez, écrivait vers 1735, et il cite plusieurs fois, au sujet des guerres de religion, la *Sommaire description* qu'il indique ainsi : « Mémoires manuscrits du comté de Bigorre, attribués au sʳ Mauran. » Ce témoignage, relativement ancien, est d'un grand poids, et il confirme la conclusion à laquelle M. Balencie était arrivé par ses patientes recherches.

Son argumentation est appuyée sur des textes nombreux, laborieusement recueillis, et elle est conduite avec clarté et vigueur. Elle montre de quelle trempe étaient les réquisitoires de l'ancien magistrat qui eut le courage de renoncer à la toge plutôt que de servir un gouvernement devenu persécuteur de la religion et des ordres religieux.

Et cependant nous devons signaler une lacune dans les recherches de l'érudit. Il n'a pas tenu compte d'une donnée, sans importance peut-être, mais qui aurait mérité, toutefois, d'être soumise à l'examen de la critique.

Le secrétariat de la mairie de Tarbes possède un magnifique *Papier terrier* de la ville, vrai chef-d'œuvre de calligraphie exécuté en 1782, au prix de 500 livres, par l'écrivain Jeanty (1). Cet ouvrage est précédé de « notes historiques » sur Tarbes. L'auteur y raconte les destructions et les massacres qu'eut à subir la ville de la part des huguenots durant les guerres de religion. Il fait ce récit en résumant les derniers chapitres de la *Sommaire description*, et il renvoie une douzaine de fois à ce manuscrit en écrivant le nom de l'auteur qu'il appelle « M⁰ de Lucia. »

Lucia revendique donc, lui aussi, la paternité de cette œuvre. N'était-il pas juste qu'on discutât ses titres, d'autant plus qu'il vivait à la même époque que Mauran, qu'il fut son collègue comme consul et comme syndic du Tiers, et qu'il travailla avec lui au classement des papiers du comté (2)?

Il y aurait là des motifs sérieux de douter, si M. Balencie ne nous donnait l'assurance que l'avocat Lucia, dont il a plusieurs fois rencontré le nom

---

(1) Volume in-folio de XXIX-266 pages. Ce cadastre, dressé par l'arpenteur-géomètre Moncaup, fut vérifié au parlement de Toulouse le 15 janvier 1783.

(2) *Bulletin du comité historique et archéologique d'Auch*, 1890, p. 226. — Dans le texte cité par le *Bulletin*, il faut lire Charles Lucia, au lieu de « Charles Lucca. »

ailleurs, ne figure jamais dans les affaires de la maison de Lavedan. Cet ancien collègue de Mauran est dès lors dépourvu de l'une des conditions que doit réaliser l'auteur de la *Sommaire description*.

Tout en regrettant qu'il n'ait pas été l'objet d'une notice spéciale comme Amadis et Mazières, nous pensons que la conclusion de M. Balencie demeure dans toute sa force et qu'à Guillaume Mauran revient la gloire d'être le plus ancien chroniqueur du comté de Bigorre.

Voyons maintenant quelle est la valeur de son œuvre.

II

La *Sommaire description* se divise en deux livres. Le premier est consacré à décrire les diverses parties de la Bigorre. Il justifie, à lui seul, le titre donné à tout l'ouvrage.

C'est une esquisse rapide ; mais en même temps elle est caractéristique et pittoresque.

Mauran a visité les lieux dont il parle ; il les a parcourus comme le ferait un touriste de nos jours. On sent, à le lire, qu'il a contemplé avec admiration la hauteur des montagnes, la profondeur des vallées, le cours sinueux des fleuves et des rivières. Son langage s'anime et se colore en présence des magnifiques spectacles que lui offrent les Pyrénées.

On sait combien le sentiment des beautés de la nature était exprimé rarement à son époque.

Parmi les écrivains du grand siècle, La Fontaine, dans plusieurs fables, et Mme de Sévigné, dans quelques lettres, sont presque seuls à peindre avec vivacité les scènes que l'œuvre de Dieu déployait à leurs regards.

Mauran aime et admire le pays natal, auquel le relief grandiose des montagnes donne plus de prise sur l'imagination. « Combien que son etendue soit petite, si est-ce que le sejour y est plaisant et agreable, tant pour la beauté du païsage, que pour la salubrité de l'air, abondance de fruits et autres commodités qu'elle porte.

« Premierement, ceux qui habitent vers l'endroit du midi du comté de Bigorre voient les hautes montagnes, lesquelles blanchissent de nege la moitié de l'an et, durant l'autre moitié, sont ornées d'une plaisante verdure, et en chacune saison donnent sujet d'admiration à l'esprit et de plaisir à la vue.

« Au pied desdites montagnes est une belle et large plaine, bordée par les cotés d'orient et d'occident de deux collines qui sont couvertes et revetues de forets en quelques endroits, ailleurs peuplées de vignes. Et ceux qui habitent en ladite plaine, se delectent des aspects des coteaux voisins tapissés de la ramée des bocages et des vignes. D'autre part aussi, ceux qui regardent du haut de ces petites montagnettes ou des maisons y bâties vers le plat pays, se recréent de la vue des champs bien cultivés et arrousés de deux rivières, l'Adour et l'Echez, qui courent à plis courbés du midi vers le septentrion, et vont séparées l'une de l'autre sans se rencontrer dans la Bigorre, sinon en tant que l'Adour communique ses eaux à l'Echez par les canaux artificiels qui en sont dérivés pour le service des moulins de la ville de Tarbe et de quelques villages. »

Cette vue d'ensemble n'est-elle pas aussi gracieuse que fidèle? Si un peintre voulait représenter toute la Bigorre dans un seul tableau, pourrait-il mieux faire que de revêtir cette esquisse des couleurs de sa palette? Le magnifique horizon que l'on contemple du haut de la tour Massey, n'est-il pas réuni dans ce cadre avec ses harmonies et ses contrastes, et ramené aux proportions que peut embrasser la toile du paysagiste? Cette page n'amène-t-elle pas sur les lèvres l'expression consacrée : « Cela est peint! »

Qui n'aimerait à faire une rapide excursion à travers nos montagnes et nos vallées dans la société d'un guide au parler si délicat et si aimable? Si vous partagez mon désir, plaçons-nous à ses côtés et marchons avec lui, en prêtant l'oreille à son langage.

Il a pris pour point de départ les montagnes de Campan. Pourrait-on mieux choisir? Elles « occupent trois grandes lieues de païs peuplé qui neantmoins fait une seule paroisse, et viennent les habitans d'icelle à une eglise batie sur l'entrée de la vallée où les maisons sont plus fréquentes et unies en forme de bourgade (1). »

Mauran est observateur ; s'il aime les beaux spectacles, il sait voir aussi les choses pratiques et se rendre compte des fruits du sol et des produits de l'art pastoral. Ecoutez-le plutôt :

« Cette communauté de Campan abonde en bétail à laine, et le beurre y est beaucoup meilleur qu'en aucun autre endroit des montagnes de Bigorre, lequel est soigneusement recherché par les marchands de Cieutat, qui le transportent et revendent à Toulouse. »

Franchissons le Tourmalet, sans craindre, avec le vulgaire, « le tombeau du vieil Arises, couvert d'une grosse pierre à laquelle on n'ose toucher ni heurter, de peur que, comme l'expérience fait voir journellement, il ne pleuve ou grêle. »

Traversons non moins rapidement la vallée de Barèges « plus haut élevée sur les montagnes que nulle autre de Bigorre, » et contenant dix-sept villages divisés en quatre vics. En passant, apprenez comment a disparu l'un de ces villages.

Le 10 février 1601, pendant la nuit, un orage de neige tomba sur les villages de Chèze et de Saint-Martin, il emporta toutes les maisons, sauf deux dans le premier et une dans le second. Les églises furent garanties, l'une parce qu'elle était située hors du pas-

(1) Aujourd'hui la vallée de Campan est divisée en trois paroisses ; mais elle ne forme encore qu'une seule commune.

sage de l'avalanche, et l'autre parce qu'elle fut assez forte pour résister au choc de la neige qui la couvrit par dessus la voûte.

Quel fut le sort des malheureux habitants? La plus grande partie de ceux de Chèze, « aïant prevu la tempete, se retira dans l'eglise et là fut conservée; mais les autres qui s'attendirent aux maisons, se perdirent — au nombre de cent sept — à cause que la neige tomba de nuit et les surprit dans leurs couches. »

« Ceux de Saint-Martin eurent à tems quitté leurs maisons et se furent retirés aux plus prochains villages, sauf un vieillard qui s'opiniatra de ne quitter sa maison, mais aïant ouï le bruit que la nege faisoit en se precipitant du haut de la montagne, il eut si grand peur de mourir, qu'il sortit de sa maison et prolongea sa vie jusqu'au lendemain seulement. Ceux qui s'etoient refugiés aux villages circonvoisins s'y sont habitués et n'ont plus bati ez lieu de leur ancienne demeure. Si qu'a present ledit village de Saint-Martin est composé d'une seule maison et de l'eglise, et celui de Cheze a bien peu de maisons anciennes... »

Plus loin, vous assistez, grâce aux détails du récit, à un furieux combat qui mit aux prises, sur les pentes des Bergons, les pâtres d'Asson en Béarn et les habitants de la vallée de Sales. « Septante Bearnois demeurerent sur la place et les autres prirent la fuite. Les femmes de Sales firent preuve de leur courage en cette rencontre, car les unes administroient la poudre aux hommes; les autres, armées de gros leviers, suivoient courageusement et assommoient, qui à coup de levier, qui à coup de pierres, les Béarnois, à mesure qu'ils étoient blessés et portés à terre. »

Ce combat eut lieu au début des guerres de religion en 1569. Plus tard, en 1593, les mêmes Salezans, voyant Jean-Jacques de Bourbon, vicomte de Lavedan, rebâtir le château de Geu, « lui dénoncèrent la cessation du nouvel œuvre et, en belle compagnie et bien armés d'autres montagnols, ruinèrent l'ouvrage commencé et dispersèrent les matières. »

Voulez-vous, dans quelques lignes, connaître les mœurs qui caractérisaient une vallée voisine? « Communement les habitans d'Azun sont judicieux, mais pourtant il ne manque pas d'y avoir plusieurs faineans, meurtriers et sanguinaires, à cause de la licence qu'ils se donnent de porter armes en l'absence du magistrat, qui n'a l'accez libre dans les montagnes eloignées de sept grandes lieues de la ville de Tarbe, siege de la justice. Leur principale rage s'exerce parmi eux, car envers les étrangers ils sont plus humains, pourvu qu'on ne les irrite. »

Pour ne pas être injuste envers les Azunois, il convient d'ajouter que telle était, cinquante ans plus tard, la situation générale du Lavedan (1). On en

(1) La vallée de Lavedan, appelée aussi vallée d'Argelès, « est la plus grande, dit Mauran, et la plus belle d'entre toutes celles que les monts de Bigorre environnent. Elle est posée entre les

jugera par cette page empruntée à une autre source. Dans une assemblée tenue à Argelès le 15 mars 1660, les syndics et députés de toutes les vallées disaient :

« Il est notoire à tous que depuis de longues années ils se commettent journellement dans les lieux des d. vallées de Lavedan une infinité des meurtres, assassins, guet-apens, larcins, volleries, incendies, violemens, rapts, rançonnements, battements, transports des saisies et autres grands et énormes crimes, lesquels demeurent entièrement impunis à cause que les officiers de la justice de monsieur le sénéchal de Bigorre n'osent venir dans le pays à cause du grand nombre des malfaicteurs lesquels ils appréhendent, ce qui donne aux meschans la licence de continuer leurs maléfices; et de plus, soubz prétexte de provision de justice, quoy qu'ils n'en ayent aucune, les dicts malfaicteurs vont prendre par force et de leur authorité privée les personnes, bestiaux et autres meubles appartenants à des personnes de peu de pouvoir qui n'ont aucun moyen de se défendre, et les transportent dans des lieux esloignés et hors mesme des vallées où ils font les d. prinses, et d'iceux bestiaux et autres meubles en commettent sequestres d'autres malfaicteurs leurs apostés et complices avec lesquels

racines des montagnes qui soutiennent les autres vallées de Barege, Cauterez, Azun, Sales et Valsorigucre. » Dans le langage local, le Lavedan ou pays de Lavedan désigne l'ensemble des six vallées et des montagnes qui se succèdent depuis Lourdes jusqu'à la frontière espagnole.

ils ont grande intelligence, et pour le recouvrement des personnes, bestiaux et autres biens qu'ils prennent, les maistres d'iceux pour en esviter la perte entière sont contraincts de leur bailler ce qu'ils veulent, estant par ce moyen rançonnés uniquement, lesquels malfaicteurs vont continuellement à troupes et armés d'armes à feu, poignards, bastons ferrés et autre armes, tenant en crainte et subjection tout le pays, où il ne se faict point de commerce, n'osant marcher dans les d. vallées de jour ny de nuict soubs pretexte de ce que les d. malfaicteurs ont quelques inimitiés entre eux et ne se séparent jamais et ne quittent leur armes (1). »

Mauran ne s'éloigne pas des montagnes sans nous dire qu'elles « sont steriles de vignes, à cause des neges et de la froidure; mais partout se cueille blé, non toutefois à suffisance pour le grand nombre du peuple. C'est pourquoi les montagnols fourmillent par la plaine et courent aux marchés pour acheter vivres, et c'est une grande merveille de voir la quantité des blés et vins qui sont journellement transportés de la plaine aux montagnes. » Et ainsi s'établissent des relations et d'utiles échanges entre les deux régions bien différentes qui forment la Bigorre (2).

(1) Ch. Durier, *Statuts de la rivière de Saint-Savin*, p. 41.
(2) Le *Cahier des doléances du Tiers-Etat de Bigorre* en 1789 demandait (p. 7) la « désignation des fruits, qui sont sujets à la dîme, à l'exception du foin dont la dîme est insolite dans la Bigorre, *pays pasteur.* »

C'est avec le même agrément qu'après avoir jeté un coup d'œil d'ensemble sur les coteaux d'orient et d'occident, il vous fait visiter tour à tour les sept villes disséminées au pied des Pyrénées ou dans la plaine, et qu'il vous décrit le cours et les rives de l'Arros, de l'Adour, du Gave et de l'Echez. Encore ici, les passages charmants ou instructifs se succèdent avec des tons variés.

Lourdes ferme le passage entre les vallées du Lavedan et le plat pays. « Elle n'est pas beaucoup munie de murailles, mais deffendue par un chateau qui la domine. Ce chateau est bati sur la pointe d'un haut rocher... »

L'élevage du cheval était en honneur dans les montagnes. Les Azunois avaient des chevaux plus « genereux que nuls autres de Lavedan, car ils approchent du naturel du genet d'Espagne. » Les trois foires tenues à Lourdes, chaque année, favorisaient la vente de « quantité de betail et nottament de beaux poulains. »

A propos de ces foires, Mauran relève deux traits d'anciennes mœurs. « A Lourdes, ne se recueille du vin, mais y est porté de loin sur des charrettes; la plus grande partie des habitants se pourvoit de tavernes communes, lesquelles sont fréquentées tant des hommes que des femmes. L'humeur des Lourdois est joviale et baillent des chaffres [sobriquets] ridicules aux forains qui viennent habiter dans leur ville. »

Saint-Pé, où nous conduit le cours du Gave, est « un lieu où se fait grande quantité de peignes de bouis et autres bois que les marchands transportent en divers endroits de France et d'Espagne. » Notre chroniqueur ne parle pas de deux autres industries, celles des charbonniers et des cloutiers, amenées, comme la précédente, par le voisinage des forêts; mais il a soin de faire l'historique du monastère des Bénédictins auquel la ville doit son origine et son développement (1). Nous omettons d'écouter ce récit pour revenir sur nos pas et arriver plus promptement dans la capitale de la Bigorre.

La description topographique de Tarbes est précieuse pour suivre les guerres de religion (2). « La ville et cité de Tarbe, scituée presque au milieu de la plaine de Bigorre, a, du coté d'orient, la rivière de l'Adour qui luy fournit des eaux en abondance, tant pour faire moudre les moulins que pour remplir les fossés qui environnent les murailles et aussy pour temperer la chaleur de l'été; car un petit ruisseau d'eau claire passe par le milieu de la ville, depuis un bout d'icelle jusques à l'autre; etant ainsi composée laditte ville qu'elle n'a qu'une rue qui s'etend de l'orient vers l'occident, et anciennement etoit distinguée par les portes et fossés qui l'entrecoupaient en six bourgs. »

(1) M. Gaston Balencie a publié plusieurs documents importants sur cette abbaye, dans les *Annuaires du Petit-Séminaire de Saint-Pé*.

(2) Le texte complet de cette description a été déjà publié, avec des notes, dans le *Souvenir de la Bigorre*, t. IV, p. 315-321.

Ces bourgs, en partant de l'occident, s'appelaient la Sède (1), la Carrère-Longue, le Maubourguet, le Bourg-Vieux, le Bourg-Neuf et le bourg Crabé ou portail d'Avant. L'unique rue de la ville prenait les noms des quartiers qu'elle traversait ; elle est représentée aujourd'hui par les rues Saint-Louis et Brauhauban.

Le Bourg-Vieux était la partie principale de la ville. Il comprenait l'église Saint-Jean, la maison de ville et le château comtal, devenu prison et condamné à disparaître prochainement. Dans ce quartier « ont été les principales fortifications, et les gouvernements y ont fait leur séjour en temps de guerre, comme en temps de paix les magistrats de la justice ; et de ce bourg sont pris et choisis annuellement les deux premiers consuls de toute la ville. »

Mauran signale l'existence du collège et des deux

---

(1) La Sède formait la cité primitive. C'est là, croyons-nous, et non pas à Cieutat, comme l'a prétendu récemment M. Longnon, que les Romains bâtirent le *castrum Bigorra*. — Les raisons données par M. Longnon prouvent, tout au plus, que Cieutat est une ancienne cité. De vieilles chartes appellent ce village : *Nearest* ou *villa Civitatis de Navarest* (*Sommaire description*, p. 5, note). — Détruit par les Normands, le *castrum Bigorra* fut remplacé, à Tarbes, par la cathédrale qui servit de forteresse en temps de guerre. La cité, appelée dès lors *castrum Sedis*, appartenait à l'évêque. — Un bourg s'y ajouta d'abord ; il fut nommé plus tard le Bourg-Vieux, lorsque furent bâtis les autres. L'*Enquête de 1300* (éd. Balencie, p. 112) distingue nettement la cité et le Bourg-Vieux : « Civitas Tarbie, que dividitur a Burgo Tarbie predicte muris et fosatis. » Cf. *Souvenir de la Bigorre*, t. iv, p. 173, 317 ; t. v, p. 10 ; t. vi, p. 223 ; *Journal de Lourdes*, 9 mai et 11 juillet 1888.

couvents des Cordeliers et des Carmes, fondés au XIII° siècle.

« Le terroir de Tarbe, ajoute-t-il, est de petite etendue et consiste en champs cultivés et de belles prairies arrosées par l'eau de l'Adour au moyen des canaux qui en derivent, et une bonne partie d'iceluy est possedée par l'Eglise. Il n'y a point de vignes, hormis quelques vergers à la maniere de ceux de Vic, mais non pas de bonté pareille, car le vin de Tarbe est plus verd et plus foible. »

Au jugement de Mauran, « si la ville de Tarbe n'avoit été choisie pour estre la capitale de Bigorre, et ornée de l'evesché et de la senechaussée, elle seroit beaucoup inferieure à la ville de Vic, soit qu'on aye egard au lieu de son assiette ou à la bonté du terroir qui l'environne. »

Ce qui lui plait à Vic, c'est la vue des vergers dont les habitants « ont couvert la moitié de la campagne. » Hélas! l'oïdium y a fait de larges éclaircies et le phylloxéra menace de les détruire entièrement. Leur aspect, en attendant qu'ils disparaissent, peut-il être mieux rendu que par cette description?

« Les vergers où le vin se recueille sont terres plantées d'arbres et le plus souvent et communement des pomiers ou cerisiers rangés à la ligne par certains intervales de cinq pas pour le plus, au pied desquels y a deux ou trois seps de vigne qui ont la tige haute à l'egal des troncs des arbres et reposent les branches sur iceux. La hauteur du tronc desdits arbres est pareille à la hauteur du nez ou des yeux d'un homme de moyenne grandeur qui se tient droit sur ses pieds, sans rien deguiser de sa hauteur naturelle. Les arbres et les vignes des vergers sont couppés et ebranchés annuellement, et les sarments qu'on laisse aux vignes sont attachez par les bouts, d'un arbre à l'autre, et, tendus en l'air, se chargent de raisins en abondance. »

Les habitants de Vic trouvaient « grand profit à cultiver les vergers, » mais ce n'était pas sans s'imposer un rude labeur. « Ils sont si diligents et assidus au travail qu'ils ont fait naistre ce proverbe, que *bon cheval ny bon bœuf ne sont de Vic*, parce qu'ils employent ces animaux à travailler incessamment et, quand ne valent plus rien, les tirent au marché. »

Vic, par les avantages de son terroir, attirait autrefois une population assez mélangée. On lit dans l'*Etat des paroisses en 1783* : « La paroisse est composée de gens de tout pays, de tout état et de toute profession et de grand nombre qui se sont réfugiés à Vic, ne pouvant vivre ailleurs ou en ayant été chassés. Aussi seroit-il bien difficile de déterminer quel est leur caractère dominant, non plus que leurs bonnes qualités ou quels sont leurs défauts ou leurs vices ordinaires. Il y a des professions et des métiers de toute espèce, mais le grand et très grand nombre est de terrassiers uniquement occupés à la campagne pour la culture des vignes, champs et prés.

« Il y a deux mille cinq cents communiants, mais

on n'en peut fixer exactement le nombre, non plus que des habitants, parce qu'ils augmentent tous les jours et que plusieurs ne sont point inscrits dans les livres des impositions à cause de leur misère et qu'on accorde une année franche à tous les étrangers lors de leur établissement (1). »

La situation de Rabastens, en 1614, était déplorable (2). Elle venait d'être désolée par la guerre et par la peste. « Lorsque la ville étoit en son entier, elle contenoit quatre cent familles, et, maintenant, à peine s'y en trouveroit cinquante. »

Le juge, à la suite d'une querelle de préséance avec le premier consul, y avait introduit les huguenots. Monluc, pour les en déloger, lança, du 17 au 23 juillet 1570, « sept cent septante vollées de canon »

---

(1) C'est l'abbé Jacques Rivière qui a rédigé ces lignes. Né à Luz le 28 mai 1726, docteur de l'université de Toulouse, ordonné prêtre à Tarbes le 22 décembre 1753, il fut successivement vicaire d'Ibos, vicaire de Vic, chapelain à Garaison. En 1773, il revint dans la paroisse de Vic avec le titre de curé. L'assemblée du clergé, en 1789, le nomma son député aux Etats-Généraux par 159 voix sur 293 votants. Il refusa de prêter serment à la Constitution civile. Pour ce motif, il fut privé de sa cure, et, après avoir joui d'un revenu de 3.200 livres, il fut réduit à la modique pension de 500 livres. La mort le surprit à Tarbes dans la maison du sieur Dutilh, quartier de rue Longue (Saint-Louis). Son testament porte la date du 7 septembre 1792, l'an 4e de la liberté. Il fut enregistré le 8 décembre de la même année.

(2) Rabastens est une bastide royale fondée, en 1306, sous Philippe le Bel.

contre le château (1). « L'enceinte des murailles étoit de briques, lesquelles sont à present abattues en plusieurs endroits et le chateau mis par terre, hormis une petite tour qui reste pour marque d'un si rare edifice. Car c'etoit une excellente structure de brique, fortiffiée par des fossés inaccessibles. » Cette tour, qui a depuis entièrement disparu comme les murailles, était « un des quatre piliers du donjon. »

Ibos eut aussi beaucoup à souffrir durant les guerres de religion, mais ce fut moins de la part des huguenots que des ligueurs. Un prébendier introduisit les gens de la Ligue dans l'église collégiale au mois d'octobre 1592. Ils y tinrent « garnison l'espace de deux ans, faisant, illec avant, beaucoup de maux, non seulement dans le pays de Bear, limitrophe du territoire d'Ibos, mais encore aux habitants de laditte ville qui furent rançonnés et pillés à toute extrémité, voire mesme plusieurs y perdirent la vie. Cela fut cause qu'à l'arrivée de la treve, M. de Benac, senechal de Bigorre, se hata de faire deloger laditte garnison,

---

(1) « Le chateau de Rabastens, réparé et remis en état de défense, fut de nouveau pris par les huguenots, commandés par Jacques, baron de Castelnau-Chalosse, au mois de mai 1585. Il fut rendu moyennant une rançon de 15,000 livres. En 1591, les Etats de Bigorre obtinrent du Roi la permission de le faire démolir. » « La desmolition tant des quatre tours et courtines liées à icelles que le donjon, faulce porte, ravelin et deffences dudit château » fut faite moyennant 4,000 livres tournois, et les architectes reçurent, le 5 avril 1595, la somme promise. Durier et de Carsalade du Pont, *Les Huguenots en Bigorre*, p. 208, note.

abattre une partie de la voute et toutes les deffances, pour oter aux ligueurs cette retraite, si la treve venoit à rompre. »

« La considération des dommages soufferts par les habitans d'Ibos pendant les guerres leur fit avoir à nouveaux fiefs tout le territoire qu'ils possedent, avec permission de le partager, en payant annuellement 300 deniers de tolose. »

Ibos perdit « tous les ornements qui decorent une ville, n'ayant plus aucune foire ny marché, aucune fermure de fossés ny murailles, hormy le nom de ville qui luy est resté. » Ce nom même lui a été enlevé, mais on est loin de pouvoir dire aujourd'hui que « ses maisons eparses menacent pour la pluspart une prochaine ruine. » N'est-ce pas le village le plus riche et le plus prospère des Hautes-Pyrénées? Peut-être doit-il à ses progrès d'avoir excité la jalousie des « mauvais railleurs qui ont fait des contes du peuple d'Ibos. » Il serait à souhaiter qu'un Ibosséen répondit à ces fables en recueillant les documents du passé et en écrivant les annales, non sans gloire, de sa patrie. Un historien du dernier siècle n'exprimait-il pas un tel désir par ces lignes :

« Les titres de leurs archives et les manuscrits dignes de foi rendent témoignage que les habitants de cette ville ont fait paraître leur bon esprit et leur habileté dans tous les temps, aussi bien que de nos jours (1). »

(1) Colomez, *Histoire de la province et comté de Bigorre*, p. 275.

Mauran, se défiant à tort de sa prose, appelle à son secours la poésie de du Bartas pour décrire

> Baigneres, la beauté, l'honneur, le paradis
> De ces monts sourcilleux... (1).

« L'enceinte de ses murailles est petite, mais pour cela, ne reste d'estre populeuse et riche, tant parce qu'elle est frequentée de ceux qui viennent de loin y recouvrer la santé par la boisson des eaux chaudes, ès deux saisons plus temperées de l'année, qu'aussy pour n'avoir été surprise ny saccagée durant les guerres. Ses habitants de l'un et l'autre sexe se delectent à estre vetus proprement et passent les jours de festes en jeux et en danse. »

Grâce à sa situation au pied des montagnes, cette ville eut seule le privilège d'échapper à l'occupation des huguenots et à l'incendie qui les accompagnait ; mais elle fut en proie, durant l'année 1569, aux angoisses que faisait naître la menace de l'arrivée de Mongonmery.

Qu'on juge de l'émotion des Bagnérais lorsque leurs consuls recevaient cette missive du terrible capitaine :

« Messieurs, vous ne ferez faulte, à peine de la vie et de vous aller brusler et mettre au ras de la terre vos maisons, d'estre icy samedy de matin.... De rechef

---

(1) Guillaume de Saluste, seigneur du Bartas, était né à Montfort (Gers), en 1544.

n'y faictes faulte, à peine d'encourir les peines que dessus (1). »

Par les citations qui précèdent, on peut apprécier déjà la valeur littéraire de la *Sommaire description.* N'eût-elle que ce mérite, on comprendrait pourquoi Larcher en a copié le texte deux fois « avec soin, » et on saurait gré à M. Balencie de l'avoir publié avec une fidélité scrupuleuse. Le savant éditeur éprouva une vive impression, en lisant pour la première fois le manuscrit; il l'a traduite en des termes qui pourraient paraître exagérés tout d'abord, mais qu'on trouvera, en avançant, de plus en plus justifiés.

« Ça et là, de frais tableaux, une locution de terroir, des sourires d'expression; ailleurs, la phrase nette et dégagée d'ornement de l'historien qui vise à la justesse et jamais à l'éclat, qui ne dédaigne pas au besoin de se couvrir de la poudre du greffe et de prendre une plume de procès-verbal; partout une allure franche, spontanée, une verve imprégnée de bons sens, pas de pédantisme ni de rhétorique artificielle. Je saluai respectueusement ce grand aïeul de la langue française en Bigorre et je me promis de le rendre toujours jeune

---

(1) Par un rare bonheur, les *actes consulaires* de Bagnères, pendant l'année 1569, ont été conservés et ils forment, presque à eux seuls, la 1ʳᵉ partie des *Huguenots en Bigorre* (73 pièces, p. 9.-83), publiés par MM. Durier et de Carsalade du Pont. Ils ont été résumés dans le *Souvenir de la Bigorre*, t. IV, p. 302 343. Leur conservation est due au P. Laspales.

en le confiant aux *Archives historiques de la Gascogne* (1). »

« Grand aïeul de la langue française en Bigorre, » tel est en effet le titre que Mauran est digne de recevoir. C'est en toute justice qu'on a comparé son gracieux langage à celui d'Amyot. On pourrait encore, me semble-t-il, le comparer parfois, malgré la différence des sujets, à celui de l'aimable évêque de Genève, dont les deux chefs-d'œuvre furent imprimés, l'un avant, et l'autre après la date de 1614 (2).

Un agrégé bigorrais prépare, dit-on, sa thèse de futur docteur ès-lettres sur Monluc, l'émule de Mongommery. Nous souhaitons qu'il soit conduit à mettre en parallèle le capitaine gascon qui a raconté si bien, dans les *Commentaires*, le siège de Rabastens en 1571 (3), et l'auteur de la *Sommaire description* qui va nous faire assister aux multiples assauts subis à la même époque par la ville de Tarbes.

III

Le second livre de la *Sommaire description* est tout entier historique. Il parle « des seigneurs comtes qui ont successivement et par une longue suite d'années eu en main la domination et seigneurie dudit païs et comté de Bigorre. »

---

(1) Introduction, p. iv.
(2) Saint François de Sales publia l'*Introduction à la vie dévote* en 1608, et le *Traité de l'amour de Dieu* en 1616.
(3) Monluc, *Commentaires*, t. iv, l. vii et viii.

En voici le début : ne le dirait-on pas emprunté à Plutarque et traduit par Amyot?

« S'il est vray que toute terre est capable de nourrir et elever des hommes excellents en vertu et doctrine, et que ce n'est la Grece seule qui a donné des philosophes, il est croyable que la Bigorre n'a manqué jamais d'estre pourvue d'hommes bien entendus, lesquels ont pu rediger par ecrit les choses plus remarquables advenues en leur siecle et se bailler de main en main les instructions de l'origine, progrès et entiere succession des comtes dudit pays de Bigorre ; mais soit, ou que le temps aye consommé leurs écrits, ou que comme fit Socrate, ils se soient tellement attendus à bien faire qu'ils ont negligé le bien dire, l'on ne trouve maintenant qu'il y aye eu parmy eux aucun historiographe. C'est pourquoy l'erection de ladite terre en comté, l'origine et succession des comtes, et plusieurs autres choses remarquables advenues en icelle nous sont inconnues, et n'est possible d'en parler que par conjecture ou bien après les historiens et annalistes des autres pays ou suivant les memoires qui resultent de quelques vieilles chartres. »

Mauran avoue sans détour qu'il avait peu de documents à sa disposition et on s'en aperçoit bien à la brièveté des chapitres, à quelques erreurs et à de nombreuses lacunes. Il était le premier à vouloir établir la suite des annales bigorraises; aucun livre spécial n'avait été écrit sur le même sujet. Les titres, sur lesquels il aurait voulu s'appuyer, avaient été détruits récemment ou emportés dans le Béarn par les huguenots. Il avait mis grand soin à recueillir ces reliques du passé avec le concours de Charles de Lucia, mais ce fut sans un grand succès, comme en témoigne la note suivante à laquelle on voudra pardonner sa forme incorrecte :

« Pour sommaire intelligence dudit inventaire (fait sous Mgr Salvat II d'Yharse, 1602-1649), sera représenté que à raison des guerres civiles du royaulme et des grands desordres survenus dans ladite contée de Bigorre durant les guerres, la plus grande partie des documents dudit pays ont esté esgarés, bruslés, perdeus et emportés à divers temps et en diverses prinsses et reprinsses, bruslements, ruine totale dudit pays de Bigorre en temps et passaige du comte Montgomery, prinse de ladite ville par le capitaine Lizier, Montamat, et avec grand soein on a peu conserver et recouvrer une partie des papiers et documents quy ont resté comme sera deduit par la suicte dudit inventaire et pour le nombre des sacz dans lesquelz lesd. papiers ont esté remis par ledit ordre alphabétique (1). »

Privé de la lumière des documents, notre chroniqueur a toute raison de ne pas « disserter à vide. » En dix-neuf chapitres très courts, il énumère, presque sans s'y arrêter, les comtes de Bigorre qu'il connait

---

(1) *Bulletin du comité historique et archéologique d'Auch*, 1850, p. 227.

peu, et il se hâte d'arriver aux guerres de religion et aux souffrances qu'eut à subir sa ville natale. Les deux longs chapitres consacrés à ces événements sont, sans contredit, la partie la plus importante de tout l'ouvrage (1).

« Ici tout coule de source, dit avec raison M. Balencie. Mauran a entendu, tout enfant, le bruit des mousquetades et le cliquetis des armures; des soudarts ivres de sang et des cadavres jonchant les rues de Tarbes ont souillé ses premiers regards; les pleurs de sa mère en deuil ont mouillé ses joues; il a grandi au milieu de cette calamité générale; et puis, quand l'apaisement s'est produit, il n'a eu qu'à interroger ses souvenirs et à laisser courir la plume sous laquelle ils se pressaient en foule, pour en faire une peinture vivante, un récit animé, où l'action, une fois engagée, ne se ralentit pas un seul instant (2). »

Il nous paraît opportun de citer, sur les mêmes chapitres, un autre témoignage moins enthousiaste et qu'on ne supposera pas être l'effet d'une prévention favorable. Il est extrait d'une Revue qui passe pour être rédigée par des protestants.

« Quand il (Mauran) arrive au XVIe siècle et aux guerres de religion, son récit prend une valeur toute particulière : il devient une véritable chronique des

---

(1) Leur étendue est sans proportion avec celle des autres. Livre 1er, 20 chapitres, p. 1-90; livre II, 19 chapitres, p. 91-113; chapitres 20 et 21, p. 113-183.

(2) Introduction, p. XLIV.

événements locaux par un homme élevé au milieu des horreurs de la guerre civile, qui a été parfois même un témoin oculaire. Originale à partir de 1567, où les premières bandes de huguenots parurent dans le pays, elle s'arrête en réalité à la paix, en 1594. Il y aura lieu désormais de tenir compte de cet intéressant document sur les guerres de religion, ainsi que des notes nombreuses que le diligent éditeur y a mises (1). »

« Une peinture vivante, » « un récit animé, » ayant à représenter une « calamité générale, » sont des qualités précieuses qui font lire un ouvrage avec intérêt; mais ce qu'on demande par dessus tout à un historien, c'est l'exactitude dans les faits et l'impartialité dans les jugements.

Mauran possède-t-il ces deux qualités au même degré que les autres? Il est juste de se poser une telle question; car, en cette partie, il écrit des « Mémoires, » suivant l'expression de l'abbé Colomez; il raconte les luttes de son temps, et ces luttes armées devaient agiter profondément tous les esprits. L'historien reflète-t-il la passion qui dénature les faits et modifie à son gré les rôles et la conduite des amis ou des adversaires?

Il était bien placé pour connaître les événements jusque dans les plus minutieux détails, et il a mis à profit cette situation favorable. Nous en avons pour

(1) *Revue historique*, 1887, p. 322.

garants, non seulement le ton de scrupuleuse sincérité qui ne le quitte jamais, mais encore les autres documents qui viennent d'être mis au jour sur la même époque. Les pièces nombreuses publiées par MM. Durier et de Carsalade du Pont, dans *les Huguenots en Bigorre* (1884), et par M. Communay, dans *les Huguenots dans le Béarn et la Navarre* (1885) (1), ne le mettent que rarement en défaut.

Quelques divergences, au sujet de Mongonmery, demandent à être signalées.

Mauran dit que ce capitaine, venant du comté de Foix, parut « le neuviesme jour du mois d'aoust [1569], sur le cotteau qui borde du coté d'orient la plaine de Bigorre, » et que, traversant l'Adour à Montgaillard, il prit en toute diligence par Laloubère et Ibos la direction du Béarn, pour aller secourir la ville de Navarrenx, assiégée par Terride au nom du roi de France. Mais il est certain que Mongonmery, le 9 août, écrivait de Navarrenx à Jeanne d'Albret et lui annonçait la délivrance de cette place (2). Dès lors, il avait traversé la plaine de l'Adour quelques jours auparavant; d'après d'autres documents, ce fut le 5 août, un vendredi (3), et il arriva le 6 à Pontacq (4).

En passant près de Tarbes, ses soldats brûlèrent

---

(1) iv⁰ et vi⁰ fascicule des *Archives historiques de la Gascogne*.
(2) *Les Huguenots dans le Béarn et la Navarre*, p. 45.
(3) *Les Huguenots en Bigorre*, p. 195.
(4) Nicolas de Bordenave, *Histoire de Béarn et Navarre* (1517 à 1572), publiée par Paul Raymond, p. 259.

« la borde de Bénac, » sur l'emplacement du grand séminaire actuel. Des cavaliers du quartier de la Sède, ayant à leur tête messire Jacques de Lavedan, prieur de Momères et vicaire général, se mirent à leur poursuite. Ils ne tuèrent qu'un seul huguenot « qui montoit un cheval blanc et portoit autour du col un cercle d'anneaux et de petites croix d'or et d'argent. »

« Donc M. le comte, ajoute Mauran, passa par le pays de Bigorre sans recevoir autre mal et sans que pour ce coup il y fit aucun dommage. »

Cette phrase exprime une grave erreur. Elle est contredite par une pièce revêtue de tous les caractères d'un acte officiel et rédigée six ans après le passage de Mongonmery.

Au mois de septembre 1575, Guillaume Abbaye, lieutenant du sénéchal à la Cour de Bigorre, eut mission d'ouvrir une enquête sur les ravages que les huguenots avaient exercés dans le pays. Guillaume Cotture, recteur de Campan et syndic du clergé du diocèse, présenta l'Intendit énumérant les faits sur lesquels devaient porter l'information. Onze témoins, choisis parmi les plus dignes de foi et en différents lieux, furent appelés à raconter ce qu'ils savaient, sous le sceau du serment. Leurs dépositions, recueillies par un greffier, confirmèrent la vérité des faits allégués dans l'Intendit. Monluc, se trouvant à Bagnères, y ajouta son attestation motivée.

L'original de cette enquête a disparu dans l'incendie de la préfecture de Tarbes en 1808. Mais le chanoine

Guichard avait eu soin, au siècle dernier, d'en transcrire le texte « mot pour mot, sans y rien changer. » Cette copie figure au nombre des documents publiés dans les *Huguenots en Bigorre* (1).

Un critique protestant, M. Léon Cadier, appelle l'*Enquête de 1575* « un document fort précieux et très important; » il est obligé de lui reconnaître « une réelle valeur et une authenticité incontestable (2). » Or elle donne, à son début, cette longue et triste énumération des églises détruites dans la Bigorre lorsque Mongomery se rendait du comté de Foix à Navarrenx:

« En l'an mil cinq cens soixante neuf et le sixiesme du mois d'aoust, le comte de Mongomery accompagné des viscomtes passa par lad. diocèze pour aller faire lever le camp du Roy qui estoit devant la ville de Navarrens, au pays de Béarn, et commençant à l'esglise de Lanemesan, icelle brularent et pillarent, comme aussy les maisons des ecclesiastiques, et de là avant, Capbern, Mauvesin, Lutilhos, Begole, Burg, Campistrous, Lanaspede, Ricau, Ozon, Tournay, Peyraube, Clarac, Goudon, Clarens, Galaes, Laspalu, Sinso, Bordes, Bourg, Sarrabeyrouse, Sarraméa, Pouts, l'esglise archipresbyterale de Chelle, les esglises parochialles de Marceillan, Castelvieilh, Troley, Labarthe,

---

(1) P. 160-224. — On aurait bien fait d'y joindre le certifié de Monluc, bien que déjà édité par Davezac-Macaya (*Essais historiques*, t. ii, p. 212), et par M. Cazauran (*Souvenir de la Bigorre*, t. iii, p. 225).

(2) *Revue de Béarn, Navarre et Lannes*, t. iii, p. 118 et 120.

Lameae, Marcarie, l'esglise archipresbyterale de Ciutat, Pomaros, Aurignac, Fite, Chelle-dessus, Luc, Abeilhous, Antist, Ordisan, Bernac-dessus, Bernac-debat, Vielle, Calabanté, Lespoey, Villenave, Mascaras, Montignac, Barbazan-debat, Soes, Forgues, Momeres, Salles-Adour, Arcizac, Saint-Martin, Mongallard, Visquer, Odos, Benac, Orincles, Julos, Parcac, Astugue, Pouts, Scoubes, Semeac, Aurellan, Jullan, Borderes, Ascrix, Ossun, l'esglise archipresbyterale et collegiale d'Ibos, les parouchialles de Loey, Lanes, Ours, Gayan, Siarroy, Andrest, Basel, Aurensan, Pintac, Oroix, Escaunets, Seron, Luquet, Garderes, Lamarcia, Lobajac, Poeyferré, Ponlac, Ger, Ponsson-dessus, Ponsson-debat, Montaner, Castaede, Aast, Ainx, Saus, Orberes, Lasserre, Tarasteix, Meaux et Villenauve, Abedeille, Lucarré, Abos, Ventayou, Peyraube, Pontac, Labatut, Seré, et plusieurs autres esglises (1). »

« Toutes ces églises ont sans doute été détruites, dit M. Léon Cadier (2), mais faut-il mettre tous ces désastres sur le compte de Montgommery, alors que pendant douze ans la Bigorre fut ravagée dans tous les sens?... La critique s'exercera sans doute avec fruit sur les faits rapportés dans ce document. On pourra déterminer l'itinéraire exact suivi par Montgommery, celui suivi peu de temps après par de Peyre-Marchastel, etc. »

(1) *Les Huguenots en Bigorre*, p. 161.
(2) *Revue de Béarn, Navarre et Lannes*, t. III, p. 119.

La critique, il est vrai, garde le droit de discuter ces questions et d'autres encore, mais ce qui ne paraît pas douteux, c'est la réalité de tant d'incendies et de pillages. De plus, jusqu'à preuve du contraire, on est obligé de les reporter au début du mois d'août 1569.

Vers la fin de ce même mois, Mongonmery, sortant du Béarn, arriva près de Maubourguet. Il avait l'intention de continuer sa route vers Condom, sans revenir sur Tarbes qu'il croyait trop difficile à prendre. Deux bigourdans, qui ne sont nommés nulle part, mais que Mauran dit être « connus d'un chacun dans ledit pays, » lui promirent, s'il attendait deux jours, de lui livrer cette ville sans coup férir.

Les traîtres vinrent en effet à Tarbes. Ils se présentèrent au chevalier de Villembits, qui commandait la garnison, comme pour lui donner des conseils de salut. Ils firent tant par leur langage que celui-ci résolut de quitter la ville. Le tambour donna le signal du départ aux soldats. Les habitants prirent aussi la fuite et se retirèrent les uns vers les montagnes, les autres dans les châteaux et les villes d'alentour, en emportant leurs meubles les plus précieux. « En moins de six heures, la ville fut désertée. » Mongonmery, informé, « y vint avec ses troupes et trouva les portes ouvertes, sans qu'aucun habitant parut en toute la ville. » Les témoins, dans l'Enquête de 1575, reconnaissent ne pas pouvoir préciser le jour où Mongonmery entra dans la ville de Tarbes; ils se bornent à dire que ce fut « au mois d'août, » ou « environ le mois d'août. » Mais l'Interdit qui la précède déclare formellement que « la ville et cité de Tarbe fut prinse par led. comte Mongomery, le premier du mois de septembre (1), » c'est-à-dire un jeudi.

« C'etoit un dimanche matin, dit au contraire Mauran, lorsque M. de Vilenvis fit battre le tambour pour le delogement des compagnies. » Ce dimanche désigne le 4 septembre. Mongommery, venant de Maubourguet, dut entrer à Tarbes le jour même où Villembits et la population en sortirent, ou au plus tard le lendemain. Des indications de l'Enquête de 1575 et de la *Sommaire description*, quelle est la véritable? Aucun texte ne permet de trancher la difficulté.

Mongonmery, continue le chroniqueur, « sejourna dans Tarbe trois semaines. » Au moins faut-il ajouter que ce ne fut pas d'une manière constante. Le 5 septembre, il écrit de cette ville à Jeanne d'Albret, qu'il sera le lendemain à Marciac (Gers); le 11, il lui écrit une nouvelle lettre datée de Grenade-sur-l'Adour (Landes) (1).

« Le jour que M. le comte partit de Tarbe, il fit dire le presche dans l'eglise des Cordeliers, et après, l'on y mit le feu et consequamment aux autres eglises. » On l'a déjà remarqué : « Le moindre capitaine qui pillait une église, brûlait un château, ou rançonnait

(1) *Les Huguenots en Bigorre*, p. 162.
(1) *Les Huguenots dans le Béarn et la Navarre*, p. 61, 64, 176.

un bourg, était pris pour Mongommery (1). » Il est probable que cette observation doit s'appliquer à l'incendie des églises de Tarbes. Mauran semble en avoir le soupçon : « Si cela fut fait, dit-il, par son commandement ou non, il est en doute ; mais la vérité est que cette action barbare fut promptement exécutée, et tant les eglises et couvents des Cordeliers et Carmes que l'eglise cathedrale et celle de la paroisse de Saint-Jean, avec la maison episcopale et la pluspart de celles des chanoines [furent detruites]. Cela fut fait environ la fin du mois de septembre. »

L'Enquête de 1575 dépeint plus vivement ces destructions : « L'esglise cathedrale où il y avoit ung orgue sy beau qu'il y en eust en la Guienne, ung cœur sy bien garny de livres et bibliotecque, les chambres capitulaires et documens de lad. eglise, chapelles et autels, le tout bruslé, pillé et ruyné, de sorte que du grand feu qu'estoit dans lad. esglise et cloucher d'icelle les cloches se fondirent, et non content faict la d. ruyne dans la d. esglise bruslarent et pillarent la maison episcopale, celles des chanoines, archidiacres, prebendiers et chapellains, aussi bruslarent et pillarent les couvents des Cordelliers et Carmes, les esglises collegiales de Saint-Jean et celle de Saint-Martin et une bonne partie des maisons de la ville; et de lad. ville, couvents et esglises, maisons des ecclésiastiques en tirarent ce qu'il y estoit, de sorte que par

(1) *Les Huguenots en Bigorre*, p. 175, 240, 241.

trois cens mille livres ne se sçauroit remettre en l'estat qu'il estait auparavant led. bruslement et saccagement, et la perte des documens et archives est inestimable (1). »

Mauran, après avoir parlé de Tarbes, garde le silence sur les autres eglises qui furent brûlées par Mongommery ou par ses soldats, pendant le mois de septembre. Il a besoin d'être complété, encore ici, par l'Enquête de 1575 : « En partant de lad. ville, bruslarent plusieurs esglises, tant collegiales, archipresbyterales que parochiales, comme sont Orleix, Dours, Chiis, Bours, Souyeaulx, Laslades, Loyt, Freches, Lizos et Oleac, Poyastruc, Toustat, Basillac, Unohas, Villenave, Sarniguet, Artanihan, Pujo, Camalès, Talasac, l'esglise collegiale de Vic-Bigorre, Caixon, La Reule, Sauveterre, Auriebat, Meaubourguet, Estirac, Villefranque, Plaisence, Galias, Rechac, Ju, Belloc, Baulat, Labatut, Montus, Castelnau, Fichac, Sublacause, Gouts, Cousac, Ganet, Caussade, Saint-Lane,... les monasteres de Saint-Lezer, maison du prieur du prieuré de Madiran, l'abbaye de Tasque,... l'esglise et l'abbaye de Sainct-Pé de Generès,... l'esglise collegiale de Lourde (2). »

« La communauté de Vic, dit Larcher, députa le vicomte de Lavedan et le juge de Rabasteux par deliberation du 31e août vers le comte de Montgomeri pour le prier de conserver la ville du pillage et d'être saccagée, lui

---

(1) *Les Huguenots en Bigorre*, p. 162.
(2) *Les Huugenots en Bigorre*, p. 162.

offrir telle somme d'argent qu'il voudrait pour l'execution du passage. On imposa deux écus petits le 2 septembre pour la grosse livre, vüe la multiplicité des affaires. Il y a aparence que le comte de Montgomeri eut des egards pour la negociation du comte de Lavedan et du juge de Rabastens, qui, à ce que je crois, etoient tous deux des Religionnaires. Il n'y a point de vestiges qu'il fit ressentir aux habitants de Vic les memes traitemens que les autres villes du voisinage eprouverent (1). » Le doute exprimé par Larcher ne saurait prévaloir contre l'autorité de l'Enquête où sept témoins nomment expressément l'église de Vic au nombre de celles qui eurent à souffrir du passage de Mongonmery. Il convient d'ajouter, pour plus de garantie, que trois d'entre eux furent entendus dans la ville même de Vic.

Un archéologue étranger s'était fixé, il y a quelque temps, dans la Bigorre. Grande était sa surprise en parcourant les paroisses de la plaine. « Pourquoi la plupart des églises, demandait-il, sont-elles si pauvres, si irrégulières et si mal bâties, dans une région qui est assez riche et qui se distingue par la vivacité de la foi catholique? » Un ami des antiquités locales dissipa son étonnement en mettant sous ses yeux la double liste des églises brûlées en 1569. Elles durent être rebâties et restaurées à une époque où le diocèse de Tarbes était ruiné et où l'architecture religieuse était tombée en

---

* (1) Larcher, Annales de Vic, dans le *Glanage*, t. XVI, p. 302.

décadence. Grâce à Dieu, on s'applique à les reconstruire de nos jours dans des conditions meilleures.

Mauran, comme on vient de le voir, est loin d'exagérer l'étendue des désastres infligés à notre pays par le fanatisme sacrilège des huguenots. On ne saurait l'accuser d'être partial à leur détriment, bien qu'il soit catholique sincère.

Un autre trait montrera comment il sait maîtriser l'expression des sentiments les plus légitimes et les plus naturels.

Le 20 janvier 1570, Montamat, lieutenant de la reine de Navarre, vint surprendre la ville de Tarbes. Le capitaine Forgues (ou Horgues), qui en avait le commandement, se retira dans le Bourg-Vieux et fit remplir d'eau les fossés qui l'entouraient. Durant la nuit, comme les ennemis avaient tari les sources des canaux, et que la prise de la ville était inévitable, le capitaine Forgues conseille à ses hommes de se sauver à la faveur de l'obscurité.

Par une brèche située près de l'église Saint-Jean, « sans plus attendre, sortirent à la file Mauran, Lacroix, Vacquerie et plusieurs autres, lesquels furent découverts par le chanoine Possino, du haut de la tour du chateau du comte (prison actuelle) qui répond au fossé. Ce chanoine avait son arquebuse chargée et preste à tirer, et croyant que ceux qui sortoient fussent des ennemis, lacha le coup et visa justement dans l'estomac de Jean Mauran, au dessous du tetin gauche, et le porta mort à la renverse. Les autres passèrent outre et se sauvèrent. »

D'après les recherches de M. Balencie (1), le chroniqueur raconte, en cet endroit, la mort de son père. Rien ne le laisserait supposer, sinon la précision des détails qu'il ajoute : « Il fut question d'ensevelir le corps de Jean de Mauran, que l'on trouva nud sur l'echarpe du fossé, ayant été depouillé par les ennemis, lesquels lui prirent aussy cinq chevaux qu'il avait à l'etable; mais il n'y eut moyen de trouver aucun prestre pour dire les obseques. Neantmoins la veuve dudit Mauran procura la sepulture le plus honorablement qu'il luy fut possible, étant assistée de quelques voisins et voisines, et le corps fut mis dans la chapelle de Lautrec en l'église Saint-François, où depuis leurs descendans ont retenu la sépulture. »

Si Mauran est impartial, il n'est pas, pour cela, narrateur froid et indifférent. Qu'on en juge par ce récit que nous abrégeons à regret. Il parlera avec plus d'autorité que tous les éloges. Outre son intérêt, il prouvera que les soldats et les habitants de Tarbes ne prirent pas toujours la fuite avec une sorte de panique et qu'ils surent, cette fois, combattre et mourir avec courage.

Vers le 12 avril 1570, Montamat vint renouveler le siège de Tarbes. Bonasse défendait la ville avec

(1) Introduction, p. xx.

7 ou 800 hommes départis en sept compagnies. Il se retrancha dans le Bourg-Vieux et le Bourg-Neuf, et il mit le feu au Maubourguet et au Bourg-Crabé, qui étaient aux extrémités.

Montamat établit son camp sur les ruines du Maubourguet et braqua ses canons contre l'angle septentrional du Bourg-Vieux. Par la brèche ouverte, il livra deux assauts dans un même jour. Le combat fut acharné de part et d'autre et les morts nombreux.

Un lieutenant de la garnison, devenu traître, introduisit secrètement plusieurs ennemis dans la ville, « par une basse fenêtre qui répond au fossé, près la porte du Bourg Neuf. » Montamat, secondé par cette félonie, « s'appresta pour envoyer à l'assaut le lendemain dès aussitôt que la lumière du jour seroit éparse. »

« Ayant donc l'aurore guidé sur l'horizon le fatal et triste jour qui devoit faire de la ville de Tarbe le cimetière de tant de vaillants soldats et capitaines, grossir et rougir les ruisseaux de sang humain, tapisser les rues d'herbes vertes, comme un pré durant la saison printanière, voicy que M. de Montamat se présente à l'assaut, assuré d'estre secouru de ceux qu'il avoit jetté dans la ville. Bonasse, d'autre part, et ses gens se trouverent à la breche, bien armés et mieux encouragés pour se bien deffendre.

« Comme ils sont venus aux mains et que d'une guerriere audace chacun tache d'abbattre ce qu'il y a devant, ceux qui etoient entrés par la fenestre sortent à la rue et accourent furieusement envelopper les gens de Bonasse par derriere. Les assiegés se voyant attaqués par deux endroits et ne sachant ce que pouvoit estre, furent bien etonnés et combattirent en confusion et desordre, jusqu'à ce qu'étant foulés et oppressés de la multitude, ils n'eurent plus aucun moyen de se deffendre, mais furent taillés en pieces ou faits prisonniers de guerre.

« Bonasse mourut en combattant, après avoir vu deffaire sa compagnie, et les autres capitaines... Il restoit encore le sieur de Garrebaque, lequel s'etoit sauvé dans la tour du Bolevart, et trente hommes des habitans de la ville. » Ceux-ci avaient espéré obtenir la vie sauve, en se réfugiant dans une maison que leur avait désignée un ennemi, leur concitoyen. Une erreur les conduisit dans une maison différente.

« Les soldats qui alloient au pillage, les ayant trouvé en laditte maison, se jetterent sur eux comme lions affamés et un après l'autre les poignarderent sans en avoir aucune mercie, jaçoit que les pitoyables adieus qu'ils se disoient et les charitables embrassements qu'ils se donnoient sur le point qu'on les massacroit, eussent dû flechir à commiseration les courages des scites et des plus felons hommes de la terre.

« Quant au sieur de Garrebaque, il se maintint constament dans la tour du Bolevard, et ore que plusieurs vollées de canon fussent tirées contre la muraille, et que d'autre part on essayat de la saper, pourtant il ne se voulut rendre, et est probable qu'il eut conservé sa vie dans cette tour, à cause que l'on n'y pouvoit entrer qu'avec une longue echelle et par une porte assez etroitte, et que le camp ne se fut amusé là pour un seul homme. Pour lequel avoir, Mʳ de Montamat s'avisa qu'il y avoit en sa troupe un cousin du dit sieur de Garrebaque, lequel il emboucha pour parler audit sieur de Garrebaque et luy promettre de sa part la vie sauve, s'il se vouloit rendre. Ledit sieur de Garrebaque etant interpellé par son cousin qui lui donnoit toute asseurance de parlementer, ouvrit la porte de la tour, et, comme il s'avançoit pour regarder en bas, il fut tué d'une arquebusade.

« Ce coup fait, il n'y resta plus aucun de tous ceux qui avoient soutenu le siege, qui ne fut tué ou detenu prisonnier; et les prisonniers furent après massacrés de sang-froid. Et demeura la ville de Tarbe pleine de corps morts, le nombre desquels et de ceux qui furent trouvés autour de la breche fut d'environ deux mil; et pour les ensevelir, après que M. de Montamat se fut retiré dans le Bearn et fait retirer les canons et les troupes du pays de Bigorre, les hommes et les femmes des prochains villages s'assemblerent, et ayant amassé les habits, armes, anneaux et autres choses que les Bearnois n'avoient eu loisir de prendre, car ils delogerent incontinent sur l'avis que M. de la Valette, lieutenant pour le roy en la Haute Guienne, s'approchoit pour les combattre, comblerent de corps morts les fossés et les puits, et employerent environ 8 jours en ce funeste office...

« Depuis en ça, la ville de Tarbe demeura sans habitans et l'herbe crut par les rues comme en un pré, qu'etoit chose fort deplorable à voir, et passerent trois ans entiers durant lesquels n'y eut aucune garnison. Aussy n'etoit-elle deffensable, à cause des ruines que le canon y avoit faittes. »

Jeanne d'Albret mourut à Paris au mois de juin 1572. Sous le règne de son fils, le futur Henri IV, les Tarbais osèrent rentrer dans leur ville; ils n'y vécurent pas longtemps en sécurité. La lutte recommença bientôt avec non moins d'ardeur et elle amena de nouveaux épisodes que Mauran raconte avec le même intérêt et qu'on voudra lire dans son style d'une saveur si pénétrante.

On voit encore la malheureuse ville de Tarbes prise et reprise plusieurs fois. Huguenots et ligueurs s'en emparent tour à tour et font subir aux habitants les plus tristes avanies. Les autres villes et beaucoup de villages eurent un sort à peu près semblable. La Bigorre, pendant vingt-cinq ans, offre un spectacle de pillages, de massacres, d'incendies et de ruines.

Les derniers chapitres de la *Sommaire description* et les autres documents qui viennent d'être imprimés, jettent une grande lumière sur cette époque la plus dramatique de nos annales. Il serait temps, je crois, de mettre en ordre tant de renseignements provenant de sources diverses, et de tracer le tableau complet des ravages que firent les huguenots et les ligueurs dans le comté de Bigorre.

Cette étude contribuerait à faire mieux connaître l'étendue des malheurs que le protestantisme a déchaînés sur la France; elle aiderait à déterminer, avec plus de justice, la responsabilité qu'ont encourue devant l'histoire ceux qui ont livré notre patrie au double fléau de la guerre religieuse et de la guerre civile.

L'auteur qui entreprendra ce travail trouvera un utile secours dans le commentaire qui accompagne le texte de la *Sommaire description*.

IV

« Bien qu'il n'ait point fréquenté l'École des Chartes, M. Gaston Balencie est un véritable archiviste. Plein d'amour pour son pays, il s'efforce, à l'aide de patientes et consciencieuses investigations, d'en mieux faire connaître le passé. C'est un champion de la vérité, qui tient à la mettre en relief dans les plus petits détails de l'histoire, et, pour y parvenir, il ne recule devant aucun obstacle. Rien ne le lasse ni ne le décourage. Sa publication de l'*Enquête de l'année 1300 sur les revenus, fiefs et arrière-fiefs du comté de Bigorre* l'avaient suffisamment prouvé; l'abondance des remarquables notes qu'il a jointes à la *Sommaire description*, le fera voir mieux encore.

« J'éprouve une réelle satisfaction à féliciter notre docte critique... de l'habileté avec laquelle il a retrouvé un nom (celui de l'auteur) sorti depuis tant d'années de la mémoire des hommes. Mais j'aime surtout à le louer du savoir dont il a fait preuve en complétant ou corrigeant le travail de Guillaume Mauran.

« Ses annotations ont une valeur qui dépasse grandement, à mon avis, celle de l'ouvrage tarbais, dont elles font un nouveau livre. »

Ainsi s'est exprimé dans le *Journal de Lourdes* (3 novembre 1887) « un ouvrier de la Grotte » qui a le tort de se croire un « pauvre inconnu. » Les merveilles dont il est établi le témoin et l'annaliste, au nom de la science, ont trahi cet anonyme trop modeste, et nul n'ignore qu'il est venu de la Normandie dans la Bigorre et qu'il s'appelle M. le docteur baron de Saint-Maclou. Puisque l'occasion s'en présente, pourquoi ne pas le remercier de l'amour qu'il témoigne à sa patrie d'adoption en écrivant les « études pyrénéennes? » pourquoi ne pas lui demander de réunir ces articles de journal en un volume qui apportera utilité et plaisir à un plus grand nombre de lecteurs ?

M. de Saint-Maclou signale en peu de mots le vrai mérite que l'on doit reconnaître à l'annotateur de Mauran. Quelques explications feront mieux apprécier la portée de cet éloge.

M. Balencie est loin d'avoir pris pour règle le mot de saint Paul : *Genealogias devita*. Il suit pas à pas le récit de Mauran ; à chaque nom qu'il rencontre, il consulte ses cartons où il a réuni le fruit de plusieurs années de labeur, et il en extrait des renseignements aussi sûrs qu'abondants.

Pour les recueillir, il n'a pas dédaigné les livres imprimés anciens ou récents, il les invoque à l'occasion; mais on voit qu'il donne la préférence aux textes inédits. Ils ont à ses yeux le double avantage d'être moins connus et d'offrir, dans leur vieille écriture, plus de garantie de vérité.

Ces textes précieux, M. Balencie a été obligé de les chercher un peu partout. La Bigorre n'offre pas, malheureusement, une collection unique où soient réunies et inventoriées toutes les pièces qui intéressent son histoire. Le dépôt de la préfecture ne contient, on le sait, que des débris et des épaves.

Les huguenots mirent un acharnement égal à brûler les églises et à détruire les documents du passé. Mauran, comme les autres chroniqueurs, se plaint de ces malheureux autodafés. Dans une enquête qui fut faite à Lourdes en 1581, plusieurs témoins signalent la perte des papiers publics.

L'un d'eux « veyd les rues comme semées de papiers et instrumens, livres et documens rompuz, et ouyd plaindre les officiers et habitans, entre aultres choses, de plusieurs papiers et documens comuns qu'en avoyent esté emportés et rompuz ou brulés, jaçoyt qu'il ne s'occupa pas à les regarder et à les lire. » Un autre ajoute que, depuis, il a « veu plusieurs pièces desd. documens et livres comuns estre portés à l'escolle, devant luy depposant, par les enfans pour apprendre à lire, et entre aultres y a veu certaine procedure en pieces d'entre lesd. de Lurde et ceulx de la Marca pour le terroir et forest de Mosle et aultres terroirs (1). »

La même fureur anima les jacobins de la Révolution. Ils voulurent détruire les titres qui pouvaient favoriser l'orgueil des ci-devant nobles ou rappeler les anciennes redevances.

Les pertes avaient été grandes, mais elles furent encore aggravées par l'incendie qui dévora, dans la nuit du 2 au 3 décembre 1808, la partie de la préfecture où avaient été reléguées les archives départementales (2).

Dans la maison de Gonnès restaient de nombreux papiers ayant appartenu à l'abbé de Vergez, généalogiste du roi au siècle dernier.

Par une incurie des plus regrettables, il fut permis à deux étrangers d'en faire l'acquisition et de les transporter à Auch où ils sont devenus la richesse du grand séminaire.

M. Balencie, depuis que la République lui a fait des loisirs, a compulsé la plupart des débris qui ont échappé à cette série d'accidents.

Trois références se produisent plus fréquemment dans ses annotations. Le *Glanage* de Larcher est men-

---

(1) M. Balencie reproduit un extrait de cette enquête, p. 167. L'original en papier contient 48 feuillets. Il est conservé aux archives de la mairie de Lourdes.
(2) *Nouvel Annuaire des Hautes-Pyrénées*, 1885, article de Charles Durier, p. 85.

tionné presque à chaque page. Les 25 volumes qui composent cette importante compilation ont été soumis à une analyse minutieuse. Ils ont fourni quelques renseignements nouveaux sur presque tous les personnages qui figurent dans le récit de Mauran.

Une autre compilation aussi riche et non moins exploitée est due au même Larcher. Son *Dictionnaire historique et généalogique de la province ecclésiastique d'Auch* répète quelquefois et développe plus souvent le *Glanage*.

M. Balencie a fait un travail plus pénible et aussi fécond sur les registres des anciens notaires de Tarbes et d'ailleurs. Les actes rédigés par les tabellions du passé ont été en grande partie conservés, parce qu'ils étaient déposés dans des maisons particulières et qu'ils pouvaient offrir d'utiles renseignements dans les discussions d'intérêt. L'histoire locale n'a pas de meilleure source à exploiter (1).

Quelques lignes empruntées à une lettre de M. Paul La Plagne Barris indiqueront ce qu'on a fait dans le Gers et ce qu'on pourrait faire dans les Hautes-

---

(1) En 1880, la chambre des notaires de Tarbes a fait imprimer un tableau qui facilite singulièrement les recherches. Il indique les 30 notaires actuels de l'arrondissement, leurs prédécesseurs, les registres conservés, et les dates qui en marquent le commencement et la fin. L'étude Duguet, précédemment tenue par les Daléas, possède un très riche minutier, de toute provenance. Les actes les plus anciens remontent à l'année 1517. — Ce tableau est loin d'être complet. L'éditeur de Mauran a rencontré des registres appartenant à la fin du XVe siècle.

Pyrénées. Cet érudit, dont la Gascogne déplore la perte récente (1), écrivait le 31 mai dernier à M. Labrouche, notre archiviste départemental :

« J'ai médiocre espoir pour votre projet de rassemblement des minutes des notaires. On a vainement essayé dans tous les départements. Ici il a fallu désespérer dès l'abord ; ce que voyant, j'ai proposé à M. Cazauran de profiter de ses relations et de sa renommée d'écrivain savant pour obtenir des notaires communication de leurs minutes antérieures à 1700. Il a si bien réussi que pendant une dizaine d'années il m'a prêté douze à quinze cents registres ; j'en ai analysé et souvent copié tous les actes utiles sur des fiches qui ont pris place à leur rang alphabétique dans les archives du séminaire. Si deux ou trois personnes m'avaient aidé, on aurait eu l'inventaire de toutes les études de notaires. »

(1) Il est mort le 8 novembre 1888, à l'âge de 71 ans. — « La belle carrière de M. Paul de la Plagne se résume dans ces trois mots : magistrature noblement exercée, étude continue et passionnée de l'histoire régionale, religion profonde et fervente. Sous ses trois aspects, la mémoire de notre regretté confrère a déjà été l'objet de témoignages bien expressifs. » *Revue de Gascogne*, t. XXIX, p. 533. — Parmi ces témoignages, nous aimons à signaler la belle oraison funèbre où M. l'abbé de Carsalade célèbre « l'homme éminent qui, choisi de Dieu pour donner des leçons et des exemples au monde, mérita les distinctions humaines sans les souhaiter, les quitta sans les regretter, regarda la vie comme un devoir, en accepta la perte comme un bienfait, et qui conserva toujours la sagesse au fond de son cœur, n'ambitionnant d'autre éclat que celui des vertus, d'autres trésors que ceux de la grâce. » *Revue catholique de Tarbes*, 29 décembre 1888.

« J'en voulais faire autant pour les registres de l'état civil qui sont en réalité l'histoire des familles. Je me suis arrêté après une douzaine de communes. Le peu que j'ai obtenu m'a procuré des documents très intéressants. »

Les registres paroissiaux ont fourni le principal secours à M. Balencie pour reconstituer la descendance de Mauran, mais ils lui ont été rarement utiles dans ses annotations, parce que leurs actes ne remontent guère au delà de 1600, et que les personnages à étudier sont antérieurs à cette date (1).

Ceux qui ont pris part aux guerres de religion ont été tous identifiés, et ils apparaissent dans les notes avec le cortège de leurs ascendants et de leurs enfants. Tous les seigneurs de la Bigorre, à part quelques rares exceptions, figurent comme capitaines dans le camp catholique et royaliste.

(1) Le rapport sur les archives départementales et communales, que M. Labrouche a présenté au conseil général en 1887, permet de signaler les dates auxquelles remontent, dans les chefs-lieux de canton, les actes de l'état civil et les délibérations municipales. Le 1ᵉʳ chiffre se rapporte à l'état civil et le 2ᵉ aux délibérations : — Arreau, 1774, an II; Campan, 1597, 1633; Castelnau-Magnoac, 1700, 1716; Castelnau-Rivière-Basse, 1690, 1739; Galan, 1668, 1775; Labarthe, 1605, 1808; Lannemezan, 1677, 1820; Luz, 1622, an XIII; Maubourguet, 1630, 1735; Ossun, 1685, an XIII; Pouyastruc, 1681, 1790; Rabastens, 1709, 1788; Saint-Laurent, 1750, 1811; Saint-Pé, 1651, 1608; Tournay, 1671, 1710; Trie, 1657, 1638; Vic, 1603, 1551; Vielle-Aure, 1713, 1787. — Pas de renseignements sur Aucun, Bordères et Mauléon-Barousse.

Les notes généalogiques mettent particulièrement en lumière les noms suivants : Antoine de Majourau, seigneur d'Arras et d'Ourout, Raymond de Cardaillac, seigneur de Sarlabous, le baron Jean de Bazillac, Bertrand d'Aubarède, Arnaud d'Angos, Jean et Bertrand d'Antist, Gaston de Majourau, seigneur de Soréac, Bernard de Talazac, Raymond d'Oléac, Arnaud d'Antin, Raymond de Villembits, Jacques de Lavedan, Dominique de Lavedan, dit le capitaine Forgues, Dominique d'Abbadie, Roger et Jean d'Estibayre, Germain d'Antin, Antoine de Labatut, sénéchal de Bigorre, Odet de Baget, Bertrand de Moles, François de Vieuzac, Antoine de Baudean, Manaud de Saint-Martin, Barthélemy de Mun, Arnaud de Lubret, Thomas de Fontan, Bertrand d'Uz, Pierre de Mont, Jean de Cardaillac, seigneur d'Ozon, Antoine de Casaux, Lancelot de Lespouey, etc.

Si le chroniqueur, pour acquitter de « singulières obligations, » essaye de dresser la généalogie complète des vicomtes de Lavedan, dont la maison, dit-il, « a fleuri depuis 500 ans et tenu le second rang aprez la maison des seigneurs comtes dans ce païs de Bigorre, » l'éditeur imite son zèle, multiplie les recherches et déploie plus de science pour faire revivre le lustre de cette antique famille (1).

Et ne croyez pas que les bourgeois et même les ouvriers, lorsqu'ils se rencontrent, soient dédaignés et

(1) Livre 1er, chap. 8e, p. 16-56.

laissés dans l'oubli. Les registres des notaires sont feuilletés jusqu'à ce qu'ils viennent déposer en leur faveur. A titre d'exemple, voici Ivonet, l'un des deux arquebusiers qui « ne portoient aucuns coups sans porter dommage » dans la défense de Tarbes contre Montamat. Une note vous apprendra que ce soldat était serrurier et gendre d'un autre serrurier, que sa femme s'appelait Hélène d'Abbadie, et qu'elle lui avait apporté en dot 65 écus petits, plus « deux pintes d'estaing tenant chacune ung carton, plus un marteau davant, un marteau traversier, ung autre marteau à une main, plus une bigorne de fert du poix de quarante livres, deux plats d'estaing grands, plus deux escudelles plates d'estaing et deux escudelles d'estaing à oreilles, plus deux metaulx, un moyen et l'autre à pieds, deux chaudieres de leton, un peyrol grand, une douzaine de serviettes... »

C'est ainsi que des passages inédits, textuellement cités, se mêlent à des exposés analytiques où la concision accumule les renseignements sans nuire à la clarté. Il est inutile de dire que ce fascicule des *Archives historiques* est digne, par l'impression, de ses devanciers et qu'il se termine par une table alphabétique des noms de lieux et de personnes ; mais où il se distingue des autres, c'est dans les huit planches qui reproduisent, en fac-similés, une centaine de signatures, et vous permettent de connaitre la griffe d'autant de personnages du XVIe siècle, avec l'indication précise des documents qui ont reçu l'écriture autographe (1).

« Les annotations offrent le résumé fidèle de lectures immenses analysées avec goût, éclairées par une saine critique et par des observations personnelles. L'identification des noms propres est poussée jusqu'à la minutie, mais la minutie en pareil cas est presque un devoir ; elle met l'ordre là où régnaient la confusion et l'à peu près. Lorsqu'il s'agit de la terre natale, les plus petites choses nous touchent, les moindres circonstances deviennent essentielles. C'est d'ailleurs par le détail que la vérité pénètre dans l'histoire :

« Un peu comme le vin entre dans les bouteilles. »

Cet éloge que M. Balencie adressait aux éditeurs des *Huguenots en Bigorre* (2), il mérite qu'on l'applique à lui-même. En écrivant ces lignes, il traçait un idéal qu'il a su réaliser (3).

Les amis de l'histoire locale, chaque jour plus nombreux, le remercient d'avoir mis au jour, avec tant

---

(1) Ces planches ont été lithographiées à Tarbes par M. Lefrançois.
(2) *Revue catholique de Tarbes*, 1881, p. 475.
(3) Deux autres ouvrages, écrits par des contemporains de Mauran, peuvent fournir quelques renseignements utiles sur les guerres de religion dans la Bigorre : *Histoire de Béarn et Navarre, de 1517 à 1572*, par Nicolas de Bordenave, publiée par Paul Raymond, 1873 ; *Mémoires* de Jean d'Antras, publiés par de Carsalade et Tamizey de Larroque, 1880.

de soin, l'*Enquête de l'année 1300* et la *Sommaire description du païs et comté de Bigorre*; mais leur satisfaction est loin d'être complète. Elle donne plus de vivacité à leur désir de voir se succéder bientôt les publications nouvelles qu'ils ont le droit d'espérer d'un travailleur aussi compétent et aussi opiniâtre.

Lorsqu'il aura livré à l'impression, comme il en a le projet, le *Debita Regi Navarræ* (1), le *Censier* et le *Cartulaire de Bigorre* (2), les *Délibérations des Etats* (3), le *Cartulaire de l'abbaye de Saint-Pé*, etc., lorsqu'il aura commenté ces documents anciens et authentiques, les annales bigorraises lui devront un progrès sérieux, et l'on commencera à voir clair dans la vie féodale de nos ancêtres.

Si j'avais le droit, en terminant cette longue étude,

---

(1) Ce manuscrit, rédigé en 1318 et conservé aux Archives nationales, est une enquête sur les revenus de la Bigorre, dans le genre de celle de 1300, mais elle est plus considérable; elle ne compte pas moins de 241 pages in-folio.

(2) Les Archives des Basses-Pyrénées possèdent deux copies du *Cartulaire de Bigorre*, et la Bibliothèque de Bordeaux une troisième sur parchemin.

(3) « Quand on examine la situation politique du Béarn à la fin du xv⁵ siècle, on voit qu'elle diffère peu du régime constitutionnel moderne : s'il existe quelques différences, c'est au profit des Etats de Béarn qui ont des attributions et des droits que n'a jamais eu un parlement ou un corps législatif quelconque. » Ainsi s'exprime M. Léon Cadier dans la conclusion de sa remarquable étude, *Les Etats de Béarn*. (Impr. nationale, 1888.) Il souhaite ailleurs (p. 18) qu'on écrive « l'histoire des Etats de Bigorre, qui présente tant de ressemblances, dit-il, avec celle des Etats de Béarn. »

de donner un conseil à l'éditeur de ces futurs ouvrages, je lui demanderais d'être plus sobre dans ses notes, et de les borner aux seules explications qui sont nécessaires pour éclaircir le texte. Est-ce à dire qu'il doive faire le sacrifice des nombreux renseignements qu'il a recueillis et qu'il pourra recueillir encore? Loin de moi une telle pensée. Mais au lieu de les disséminer dans plusieurs volumes et d'en encombrer le bas des pages, ne serait-il pas préférable de les réserver pour en faire l'objet d'une publication spéciale?

M. Balencie songe déjà à doter notre département d'un *Dictionnaire topographique* semblable à celui de M. Paul Raymond pour les Basses-Pyrénées; pourquoi n'y joindrait-il pas un *Dictionnaire historique et biographique*? Ce dernier ouvrage sauverait de l'oubli bien des faits et bien des personnages qui ne pourront jamais figurer dans la trame d'une histoire générale; il aurait, me semble-t-il, de nombreux lecteurs et contribuerait largement à développer la connaissance et le culte du sol natal.

Larcher, dans ses immenses compilations, a réuni la meilleure part des matériaux. Le *Souvenir de la Bigorre* y joindra la sienne, qui sera toujours de plus en plus abondante. Pourquoi ces pierres et d'autres, jetées pêle-mêle et plus ou moins informes, ne trouveraient-elles pas un ouvrier habile qui saurait les tailler avec art et les disposer avec ordre?

« Mais comment entreprendre cette immensité qui

se trouve dans leur chaos? » disait l'abbé de Vergez à Larcher, à l'occasion d'un projet semblable. En lui promettant son concours, il ajoutait ces paroles que l'on peut bien adresser au digne continuateur des deux paléographes bigorrais : « Il n'y a que vous, mon cher Monsieur, capable d'une pareille entreprise... Commencez donc votre ouvrage sur vos matériaux, perfectionnez-le autant qu'il peut l'être, et par la suite du temps, si je peux parvenir à mon but, nos successeurs trouveront de quoi l'augmenter (1). »

(1) *Souvenir de la Bigorre*, t. iv, p. 114.

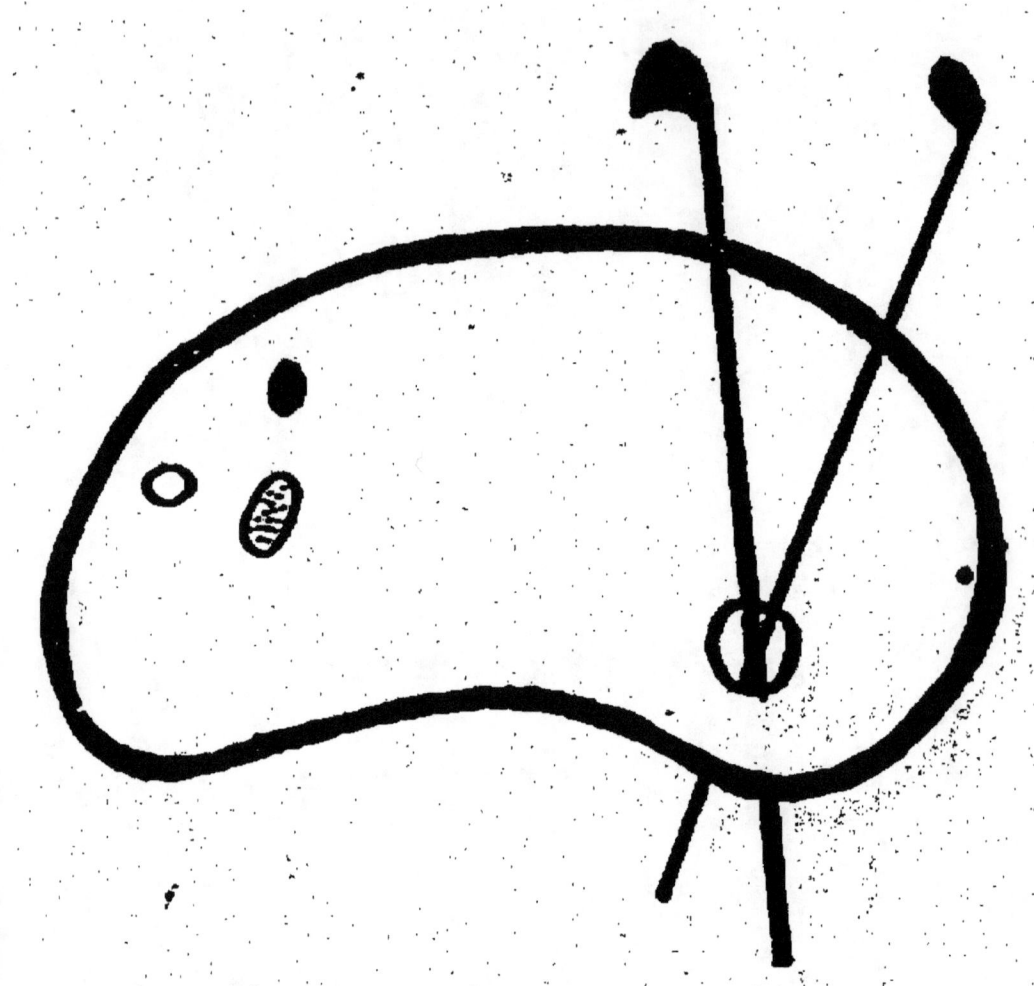

www.ingramcontent.com/pod-product-compliance
Lightning Source LLC
LaVergne TN
LVHW051505090426
835512LV00010B/2344